납작한
말 들

납작한 말들

"작가님 우리 편 아니었나요?"

"여자도 군대를 가는 게 진정한 성평등"

"페미니즘은 틀렸고 휴머니즘이 맞다"

"능력주의가 민주주의 아닌가요?"

"억울하면 서울 살든가!"

오찬호 지음

차별에서 고통까지, "어쩌라고"가 삼킨 것들

어크로스

특정 집단이 겪는 부당한 대우는 난데없이
심각한 형태로 등장하지 않는다.

— **아리안 샤비시**, 《**우리에겐 논쟁이 필요하다**》,
이세진 옮김, 교양인, 2024, 34쪽

프롤로그

살아남기 위해 잃어버리는 것들

첫 책이 나왔을 때, 들뜬 마음에 이웃들에게 많이 선물했다. 꼴에 사인도 하고 증정식을 한 거다. 사회 비판서를 싫어하는 줄도 모르고 말이다. 며칠이 지나자 반응이 왔다. 그래도 서로 얼굴은 아는 사이인데, 사람들은 이런 분야의 낯섦을 드러내는 데 망설임이 없었다. "무슨 내용인지 쉽게 이해가 안 되네요"라고 말하는 건 그나마 정중한 편이었고, "어쩌자는 건지"라면서 빈정거리는 이들도 있었다. 참고로 내 첫 책은 '자기 계발의 정서가 학력에 따른 차별과 혐오를 정당화하는' 과정을 추적한《우리는 차별에 찬성합니다: 괴물이 된 이십 대의 자화상》(개마고원, 2013)이다. 제목이 좀 날카롭긴 하다만, 그게 비난받아도 될 이유는 아닐 거다.

무례한 성격의 사람들을 만났다고 생각하진 않는다. 익숙하지 않음에 대한 반응으로 봄이 마땅하다. 성공한 누군가의 고군분투 이야기가 아닌, 사회 구조 어쩌고저쩌고하는 주장은 무시해도 된다고 길들여졌기 때문일 거다. 불평등의 문제를 짚는 걸 '환경 탓이나 하는 나약한 태도'로 치부하는 사람들이 얼마나 많은가. 빈부 격차를 걱정하는 글에 '그럼 북한으로 가서 살아라'라는 댓글이 인기가 많은 게 한국이다. 이 벽을 몸으로 체험했다고나 할까? 청소년이 읽을 만한 사회학 책을 집필했을 때는, 아이의 친구들에게 나눠준 적이 있었다. 그걸 못마땅하게 여긴 부모가 대강 목차를 보더니 이런 말을 면전에서 한다. "솔직히 사회 관련 책을 읽을 필요가 있나요? 수능 시험에 관련되니 어쩔 수 없이 하는 거지, 그게 인생에 무슨 도움이 된다고."

이 분위기, 12년간 여러 대학에서 하던 강의를 그만둔 이유 중 하나다. 인문 사회 분야가 인기가 없는 것보다, 인기가 없으니 함부로 대해도 된다는 이들을 마주하는 게 큰 스트레스였다. 100명 중 3~4명이 딴짓을 하는 건 내가 개입하지 않아도 알아서 당사자들이 조심한다. '그러면 안 된다'는 다수의 힘이 흐르기 때문이다. 하지만 30명 이상이 '대학에서 인문학에 에너지를 쏟는 건 시간 낭비지'라는 자세로 앉아 있다면, 이를 강사 재량으로 해결할 순 없다. 예전에는 학생들이 '바빠서 다양한 수업을 못 들은 게 아쉽다'는 식으로 사회 비판 학문을 대했는데, 어느 순간 '바쁜데 왜 저런 걸 들어야 하나'라며 사회 비판 학문 자체를 무시하는 공기가 너무 커졌다. 학생들이 노트북에 주식 차트를 띄워놓고 강의를 듣는 모습이 점점 늘어나던 몇 년 전, 난 시간 강사 생활을 깔끔하게 정리했다.

시대는 어찌 변했을까. 우리는 경쟁에 도움되지 않는 것들을 철저히 차단하며 살아왔다. 그리고 살아간다. 이 땅에서 성공은, 그 목표에 집중한 만큼 목표와 무관한 것을 거들떠보지 않아야만 가능하다. 입학과 취업을 위해 한눈팔지 않았다는 건, 한곳만 뚫어져라 보면서 성장했다는 뜻이다. 그렇게 살아도, 부동산이니 가상화폐니 등의 이슈가 휘몰아칠 때마다 쪼그라진 자신을 마주하며 괴로워한다. 이런 감정을 강요하는 사회를 탓해야 하지만, 우리는 그럴 역량을 배울 기회를 제일 먼저 차단했다. 그래서 다시는 뒤처지지 않겠다며, 또 내 주변에 울타리를 친다. 미래가 너무 불안하다며, 또 많은 것들을 의도적으로 무시한다. 이를테면 불평등 어쩌고 하는 그런 논의들 말이다. 그런 사회에선 자본을 어떤 식으로든 불릴 방법을 찾는 게 도덕과 윤리가 된다. 그러니 자본주의 어쩌고 비판하는 사람은 우스운 수준이 아니라 멍청한 인간일 뿐이다.

살아남기 위해서 목표를 선명히 설정하고 그것만을 향해 뒤돌아보지 않고 달려야만 하는 사회에서, 답 너머 답을 찾자는 말은 판타지 소설처럼 들릴 거다. 느린 호흡으로 세상을 바라보는 사색은 뒤처짐에 불과하다. 독서와 토론으로 자신이 모르는 세계에 발을 딛는 건 헛발질이다. 이견을 경청하고 의견을 제시하기 위한 장시간의 고뇌는 시간 낭비다. 노동이 존엄하니 따위의 말을 하자는 게 아니다. 각자도생이 전부인 투박한 성공론을 사회적으로 격려할수록, 무엇이 사회에서 격리되는지를 짚어보자는 거다. 사회와 연결되지 않은 개인은 존재할 수 없으니, 개인이 행복해지기 위해서 사회가 어떠해야 하는지를 따져 묻는 건 당연한 시민의 모습일 거다. 그러한가? 비정규직, 프리랜서 노동자, 자영업 종사자들의 직업적 고충을 불평등과 연결시켜서 말하면 '(그런 일 하라고) 누가 칼 들고 협박했냐'는 빈정거림이 등장하는 세상 아닌가. 아파트 공화국의 민낯을 비판하면 '너 집 없지?'라는 무례한 추임새가 나부낀다.

살아남기 위해 잃어버린 것들, 내가 쓰는 모든 글은 그 소실에 관한 이야기다. 자기 계발 열심히 할수록, 타인에게 날카로워지는 모습은 인간성의 소실일 거다. 학력 차별 비판에, 공부 못해서 그런 걸 어쩌란 말이냐면서 무섭게 반박하는 모습은 여기서 발현된다. 부자가 되고 싶은 강박에 빠질수록, 가난한 사람이 가난한 건 다 이유가 있다고 말하게 되는 건 사회 구조를 바라보는 눈이 소실되었기 때문이다. 빈부 격차 지적에, 자본주의 사회니까 당연한 거 아니냐는 당당한 반론은 이런 공기에서 완성된다. 더 큰 문제는 이 소실을 굳이 걱정해야 하나는 분위기다. 그저 "몰라, 나는 돈이 좋아"라고 말하는 사람은 양반이다. 언젠가부터 "그거 한다고 돈 생겨?"라는 냉소가 태연해지더니 이제는 "돈도 안 되는 걸 붙들고 있는 사람이 바보"라는 조롱이 만연해졌다. 이제는 머리 긁적거리는 시늉조차 사라졌다. 우리는, 무엇을 잃어버렸을까?

미국 드라마 〈뉴스룸〉 1회에서 유명 앵커 윌 매커보이(제프 대니얼스 분)는 왜 미국이 세상에서 가장 위대하냐는 질문에, 예전에나 그랬지 지금은 아니라면서 이렇게 말한다. "우린 가난과 싸웠지, 가난한 사람과 싸우지 않았어. 지성을 동경했지, 폄하하지 않았어. 그것 때문에 열등감을 느낀 적도 없어." 한국은? 더 심하다. 《납작한 말들》은 생각과 언어의 간편함이, 어떻게 사람이 사람을 납작하게 찌그러트려버리는 폭력으로 이어지는지를 고민한 책이다. 무엇이, 이를 성찰하는 것조차 쓸데없는 것으로 치부하는지를 따져본 책이다.

나는 여러 칼럼을 모아서 《세상이 좋아지지 않았다고 말한

적 없다: 하지만 여전히 불편한 것들에 관하여》(위즈덤하우스)를 2020년에 출간한 바 있다. 그 이후에 흩어졌던 조각들을 모으고 다듬었다. 빨리 끝날 작업이라 여겼지만 1년 넘게 붙들어야만 했다. 글들을 합치고 잘라내면서 많은 수정을 했고, 압축했던 덩어리를 풀면서 여러 사례를 더하며 많은 내용을 추가했다. 지나간 글은 다시 볼수록 엉망인지라, 문장마다 시간이 많이 걸렸다. 글이란, 쓸수록 마음에 들지 않는다. 다듬을수록, 여기저기 이상한 게 눈에 보인다. 그래서 참으로 지난하다. 그때마다 가성비가 너무 낮은 이 노동에 대한 한숨이 나오지만, 이 푸념을 거쳐가야지만 느껴지는 짜릿함을 자주 접할 수 있는 건 작가의 복이다. 그렇게 열일곱 번째 글 뭉치를 세상과 연결한다.

전업 작가 중 전업으로 글에만 매진할 수 있는 사람은 극소수다. 전업 작가 대부분이 무엇을 전업이라고 하기가 애매할 만큼 닥치는 대로 다 하며 산다. 나도 마찬가지다. 운이 좋을 땐 강연이나 방송 출연으로 생활비를 겨우 해결하지만 매달이 살얼음판이고 누적된 적자를 메꿀 걱정에 생각은 산만하기 그지없다. 글에 집중할 수 없는 상황에서, 직업이 작가인 내 모습이 한심하게 보일 때도 많다. 그만둘 때인가, 4대 보험 들어주는 곳에 취업해서 급한 불부터 꺼야 하는 거 아닌가 등의 번뇌가 없었다면 거짓말이다. 이때마다 '열심히 써야겠다'라고 다짐을 하는 계기가 등장한다. 내가 몇 년이나 기고한 칼럼을 순서대로 스크랩해서 강연장에 오신 분, 또 그걸 필사하신 분을 강연장에서 만날 때, 나는 어떻게든 일어난다. 내 책을 읽고 정성스럽게 작성한 누군가의 리뷰를 인터넷에서 만날 때, 나는 어떻게든 쓴다. 좋은 글 써주셔서 감사하다면서 힘내라는 내용의 메일을 받았을 때, 나는 어떻게든 살아간다. 한 사람이라도 읽어준다면 그게 감사한 거라는 걸 다시 되새기며 버틴다. 이 책도 그 오기의 결과다. 계속 쓰고 싶은 간절함의 절규다.

2025년 7월 세종에서 두 번째 여름을 보내며

차례

프롤로그 살아남기 위해 잃어버리는 것들 7

1부 성차별을 이야기할 때 쏟아지는 말들

왜 Mother가 가장 사랑스러운 단어가 되었을까? 19
고통의 평준화에 반대한다 26
가사 노동의 평등을 위해 여자도 군대 가라? 33
기본 값을 수정하라 39
맘충이 만들어지는 한 조각들 46
섬세함이라는 투박함 52
고정 관념을 깼다는 고정 관념 59
멋진 신세계는, 없다 66

2부 살아갈 권리를 조롱하는 말들

그 장애인은 왜 그리 친절했나 77
자유는, '없는 자'만이 느낀다 83
인권 교육은 '착하게 살자'가 아니다 89
"아프간 난민, 한국 오지 마라", 이 칼럼을 기억하시나요? 94

우리에게 우리는 누구인가? 101
차별금지법은 헌법 정신을 보완한다 107
빈약한 사고의 시대, 납작한 논쟁의 나라 113
제도적 차별 너머의 차별이 보이지 않는가 119

3부 나의 기분만 생각하는 말들

그런 말 듣고자 한 말이 아니다 129
나는 너보다 더 힘들어야 한다 133
들뜨면, 실수한다 137
끈끈한 우리 편 141
다정함의 민낯 146
사회 문제를 따지면 사회성 없는 사람인가요? 152
구수한 경상도 사투리는 존재하지 않는다 157
저는 제 MBTI를 모릅니다, 앞으로도요 162
너도 당해봐라? 참교육이라는 폭력 168

4부 성공 아니면 실패라는 말들

운도 실력이라고? 177
사교육의 신께서 말씀하시니 185

우물만 파다 보면 190
누가 평범하고, 누가 비범한가 196
독서의 효과는, 독서입니다 201
친구도 없고 연애도 못하니, 그럼 죽을까? 207
그 사람이 하버드대를 졸업하지 않았다면 213

5부 사회를 뒤로 돌리는 말들

더 힘들게 일할 자유를 주겠다? 223
더 차별하겠다는 게 정책인가? 231
히틀러도 말했다, 국민저항권을 239
그들은 'MZ세대'라는 덫을 놓고 있다 246
시험 공화국 254
사교육은 망국의 원인이 아니라 결과다 262
자살률 그래프를 어떻게 읽어야 할까? 270
우리는 공화국의 조각이다 278

에필로그 그러지 않았으면 285

1부

성차별을 이야기할 때 쏟아지는 말들

"다 내가 건사하며 사는 줄 알았지.
집사람 떠나고 나서 알았어.
집사람이고 애들이고
다 날 건사하며 살았던 거야."

—드라마 〈나의 해방일지〉에서 아버지 염제호(천호진 분)의 대사

왜 Mother가 가장
사랑스러운 단어가 되었을까?

2000년 가을, 제대하고 복학했을 때다. 등록금 인상을 막겠다는 총학생회의 투쟁으로 학교가 어수선했다. 모두가 여성이었던 회장단은 삭발까지 불사하며 강력한 의지를 보였다. '성인지 감수성'이라는 말이 존재도 하지 않았던 시대, 어떤 교수의 빈정거림이 지금도 기억난다. "대화가 가능이나 하겠냐? 쟤들은 여대생들처럼 화장도 안 한단 말이다! 딱 보면 알지!"

화장과 투쟁이 무슨 상관이겠냐만, 여성이 언제 논리적으로 문장 속에 배치되었던가. 이를테면 "누나 많은 막내 남동생처럼 징징거리지 마!"라는 건 일상에서도 빈번히 등장하는 문화적인 조롱 아닌가. 누나와 남동생과 징징거림은 아무런 연결고리가 없지만 한국에선 다 알아듣는다. "생긴 건 멀쩡하면서 왜 페미니즘에 동조해?", 이런 황당한 주장도 곳곳에서 들린다. 틀린 말은 틀렸다고 해야 하지만 한국 사회는 그러지 않았다. 살아남은 엉성한 논리는 마음껏 굴러다니며 린치를 가할 상대를 끊임없이 찾는다. 페미니즘의 'ㅍ'만 들어도, 'Girls Do Not Need A Prince'라고 적힌 셔츠를 보고, 심지어 헤어 스타일이 숏커트인 게 의심스럽다며 분노의 게이지를 당당하게 올린다. 그러니 성평등 강연이 끝나고 질의응답이 이렇다. "작가님은 페미니스트인가요?", "페미니즘에 찬성한다는 건가요?" 등등. 사상 검증 압력은 이미 실재한다. 인민재판에 소환된 이들은 자신은 페미니스트도 아닐뿐더러, 특히 남성 혐오를 일삼는 페미니즘은 잘못된 것이라고 공개 선언을 해야지만 사슬에서 풀려난다.

　이런 분위기에서 밑도 끝도 없는 '남자를 잠재적 가해자로 취급했다'는 트집이 횡행하는 걸 어찌 막겠는가. 짚어야 할 건, 이 잠재적 가해자 이야기는 오래전부터 있었다는 거다. 어땠을까? 나름 맥락이 전달되었다. 누구도 사회의 영향을 받지 않을 수 없음을 이해했기에 오해할 여지도 없었다. 그러니 단계를 차근차근 밟아가며 사회의 폭력성을 이야기하다 보면, 잠재적 가해자라는 표현이 개별적 존재를 범죄자 취급하는 게 아니라는 걸 다수가 이해했다.

누구도 문화, 풍토, 관습이라는 사회 구조적 결에서 자유로울 수 없다. 이 사회와 얽혀 있는 누구나 가해자가 될 수 있다. 모두가 서울에 살고 있다고 착각하는 사람은 언제든지 서울 중심주의의 공범이 될 수 있다. 얼마나 많은 일들이 서울 위주로 돌아가는지, 서울에 살지 않는 사람들은 잘 안다. 나도 서울을 떠나니, 평범한 강연 요청 메일 하나에도 그전에는 느껴지지 않았던 이질감이 이제서야 발견된다. 서울이 기본 값인 사람에겐 보이지 않는 거다. 그런 걸 경계하고 살자는 거다. 잠재적이라는 표현에 발끈하며, "왜 서울 사람을 죄인 취급해? 억울하면 서울 살든가! 자격지심 너무 심한 거 아냐?" 따위의 추임새를 넣지 말고.

한국인 중 대학을 줄 세워서 판단하는 습관을 지니지 않은 이는 거의 없다. 강도의 차이만 있을 뿐 모두가 학력 차별의 옹호론자다. 약간 노골적으로 말해, 한국의 교육 과정을 거치는 순간 누구나 학력 차별의 잠재적 가해자가 된다고 해도 과언이 아니다. 이 정도로 생각해야지만 변화가 가능하니 효과를 기대하자는 거다. 잠재적이라는 표현에 발끈하며 "왜 공부 열심히 한 사람을 죄인 취급해? 억울하면 너도 공부 잘하든가! 자격지심 너무 심한 거 아냐?" 따위의 추임새를 넣지 말고.

문제 해결은 차별을 야기하는 사회적 힘을 강력하게 밀어내야지만, 단호하게 끊어야지만 가능하다. 일상에서 당연하게 내뱉는 말, 사소한 습관을 좀 더 정교하게 다듬으면서 말이다. 관성을 제어하면, 익숙함이 낯섦으로 변하는 성가심을 겪을 수밖에 없다. 이 불편함이야말로 사회가 좋아지기 위해 지극히 필요한 과정이다. 이를 불필요하다고 여기면 '다른' 의견은 영원히 '틀린' 주장으로만 얄팍하게 다뤄질 거다.

페미니즘은 갈등 없이 전개될 수 없다. 하지만 갈등을 봉합부터 하자는 정서가 강한 곳에선 소란의 원인만을 적발, 제거하는 데 급급하다. 성평등을 이야기하면 시끄러워지니, 성평등 논의는 좋지 않다는 식이다. 성별 차이를 우주의 질서이자 신의 섭리로 여기면, '성별 고정 관념으로 사람을 가르지 말라는' 주장이 성별 분열을 야기하는 갈라치기로 해석된다.

그때 종종 등장하는 이야기가 있는데, 'mother가 love를 제치고 가장 아름다운 단어로 꼽혔다'는 거다. 어떻게 활용되냐면, 언제나 헌신적이었던 어머니가 페미니즘을 접한 후부터 화목한 집안이 시끄러워졌다는 식이다. 어제까지 원래 여자의 몫이라면서 밥 잘 차려주던 사람의 입에서 갑자기 '원래 그런 것이 어딨냐'라는 한탄이 나오게 하여 화목한 가정을 어지럽힌 페미니즘은 도대체 뭐냐는 짜증이 가득이다.

그런데 '엄마'가 가장 아름다운 단어로 느껴지는 게 인간의 본성이라도 되는 걸까? 나는 여러 대학을 다니며 강의를 할 때, 수백 명을 상대로 이 주제를 깊게 다룬 적이 있었다. '엄마'가 가장 사랑스러운 단어라는 데 동의하는 학생들에게 그 이유를 에세이로 작성하게 했다. 어떤 내용이었을까? 너무 사랑이 넘쳐, 가슴이 따뜻해지는 그런 글들이었을까? 전혀 아니었다. 모든 글의 장르는 공포물이었다. 수백 명의 사연이 세 가지 큰 키워드로 정리가 되었다.

첫째는 폭력이다. 어머니가 아버지에게 맞은 이야기는 절대 드물지 않았다. 생생했고 끔찍했다. 어떤 학생은 엄마가 개처럼 맞던 그날을 초 단위로 떠올렸다. 제발 엄마를 때리지 말라면서 울고불고했던 일곱 살 꼬마를 밀쳐내고 사람 죽일 듯이 발길질을 하던 아버지가 뱉었던 욕까지 기억했다.

둘째는 정서적 지배다. 아버지의 가스라이팅에 어머니는 생활 반경을 넓히지 못했다. 조금이라도 집안일이라는 사슬을 풀려고 하면 가해자는 '좋은 엄마라면 어쩌고저쩌고'의 이야기로 어머니를 원래의 위치에 가둬놓았다. 한 학생의 표현은 이랬다. "어머니는 평생 새장에 갇혀서 사셔야만 했다. 그런데 아버지는 평생 새장 안에서 아무 걱정 없이 산 사람이 뭘 알겠냐면서 어머니를 항상 무시했다."

마지막은 경제적 위기 상황에서의 불평등이다. 여기에는 일정한 패턴이 있다. 가정의 경제 사정이 나빠지는 데에는 여러 이유가 있을 만한데, 대부분 '아버지의 사업 실패'가 원인이었다. 이후, 아버지가 집에 잘 나타나지 않으시는 것도 비슷했다. 이때부터 어머니는 아이 키우면서 빚도 갚아가며 악착같이 살아간다.

이런 기억들이 있기에, 어머니는 사랑의 존재로 거듭난다. 모든 고백은 '그럼에도 불구하고 어머니께서는 저희를 위하여'라는 추임새로 이어진다. 이런 상황에서도 자녀들 앞에서는 태연했고, 의연했고… 등등의 말들이 첨가된다. "나 같으면 당장 이혼했을 거다"라는 표현도 빈번히 등장한다. 그러니, 사랑일 수밖에. 가장 아름다울 수밖에. 특정 성별을 바라보는 인식이 달랐다면, 'mother'는 가장 아름다운 단어가 아니었을 거다. 그 단어가 울컥거림과 무관해질 때, '구조적인 성차별'이 조금이나마 줄었다고 할 수 있을 거다.

누구는 건강한 페미니즘은 괜찮다고 한다.* 건강하지 않은 건 모든 패러다임에 존재한다. 차별도 허락해달라는 자유주의, 노동 문제를 수요와 공급 곡선의 점으로만 이해하는 경제

---

* "윤석열, '페미니즘도 건강해야, 정치적 악용돼 건전교제도 막아'", 〈경향신문〉, 2021. 8. 2.

학 제일주의는 결코 건강하지 않다. 그런데 누구도 건강한 자유주의는 괜찮다, 건강한 경제학 이론은 괜찮다는 식으로 말하지 않는다. 논란이 되는 그걸 지목해 잘못되었다고 이야기한다. 유사 역사학이 화나면, 그걸 비판하면 된다. 쇼 닥터가 짜증 나면, 그런 의사를 문제 삼을 일이다. 큰 덩어리 안의 작은 조각이라는 걸 상식으로 알기 때문이다. 그러니 감히 건강한 어쩌고라면서 큰 덩어리를 갈기갈기 찢지 않는다. 하지만 페미니즘만, 건강하지 않을 조각이 있을 수 있기에 광범위하게 도려내진다.

이유는 간단하다. 페미니즘 자체가 싫으니 건강 어쩌고의 수식어를 갖다 붙여 "건전한, 온건한, 무해한, 전복적이지 않은, 불온하지 않은, 고분고분한 페미니즘"*만 허용하겠다는 심보다. 이런 세상에선, 누구도 어머니가 왜 가장 사랑스러운 존재가 되어야만 했는지를 묻지 않는다. 그저, 좋은 게 좋은 거 아니냐는 말만 나부낄 뿐이다. 그럴수록, 누군가는 차별을 차별이 아니라 여기며 하루하루를 버틸 수밖에 없다.

---

* 김진해, "'건강한' 페미니즘", 〈한겨레〉, 2021. 8. 8.

고통의 평준화에
반대한다

"여자도 군대를 가는 게 진정한 성평등"이라는 말을 대학 강의실에서 접할 때마다 친절하게 물어보곤 했다. 사회에서 특정 성별이 자연스레 '배제되는' 맥락에 집중하면 애초에 여성의 복무를 상상조차 하지 않은 건 여성이 아니라 남성이고, 그 자체가 남성 중심 사고인데 왜 여성이 마치 징집 거부라도 한 것처럼 바라보느냐고 말이다. 물론 반론은 기계적이다. '왜 남자만 차별받는 것에는 모른 척하냐'는 논리만 반복된다.

이런 수준이 유의미한 여론이라면서 정치권 이슈가 되더니 심지어 제도화하려는 움직임까지 등장한다. 남자가 국가로부터 차별받는다는 핵심은 사라지고, '여자는 왜 차별 안 받냐!'

는 괴상한 불만을 원초적으로 만족시키고자 하는 고통의 평준화 정책에 어떤 사회적 이익이 있단 말인가. 나는 26개월을 복무했고 이후 만 40세가 될 때까지 17년에 걸쳐 예비군, 민방위, 비상소집 고지서를 받았다. 이를 내 아내도 경험하면, 나의 짜증은 별거 아닌 게 되는가? 군대 갈 아들에 대한 불안이, 딸도 군대 가면 감쪽같이 사라진단 말인가.

"여성도 민방위 훈련을 받아야 한다"는 말은 어떠한가. 민방위 훈련이 전투 대비가 아닌 재난·재해 시 생존 매뉴얼 습득을 주로 하는 것이기에 논란으로 이어질 필요가 없다고도 하지만, 저 문장에 단지 그 의미만이 담겨 있겠는가. 실제 훈련장에서의 '교육'이 얼마나 처참한지는 차치하고, 그 엉망인 교육을 여성까지 받아야 하는지에 대한 의아함도 논외로 하고, 언어의 사회성만을 짚어보자.

이 표현의 핵심은 민방위가 아니다. 여성'도'라고 하는 순간, 그건 무조건 남자'만'이라는 추임새로 이어지고 자연스레 '왜 여자만'이라는 해묵은 구도와 연결된다. 그리고 배려, 특혜 등의 단어가 덕지덕지 부정적 의미로 붙는다. 그 끝에, '권리만 주장하고 의무는 하지 않는 어떤 성별의 이기적인 익숙한 모습'이 둥실둥실 사회에 부유한다. 여성도 민방위 훈련을 받아야 한다고 주장한 후 '이대남'이라 불리는 젊은 남성들의 표를 의식한 포퓰리즘 아니냐는 비판을 받은 한 정치인은 이렇게 대꾸한다. "왜 여성만 훈련 안 받아도 된다는 그런 논리를 펼치는지 저는 도저히 수긍할 수가 없다."*

여성'도'에서 여성'만'이 연결되면 논의는 진흙탕이다. 남성만 훈련받는 건 차별이다, 진정한 성평등은 여성도 군대 가는 것 아니냐는 식의 이야기와 겹쳐지지 않는 게 불가능하다. 이게 얼마나 황당하냐면 무수한 논쟁에서 '여성은 훈련 안 받을 권리가 있다', '훈련은 남자만 받는 거다'라는 식의 주장은 등장한 적이 없다는 거다. 군 복무와 그 연장선(예비군과 민방위)에 남성'만'이 의무를 짐에 여성의 입김은 조금도 개입하지 않았다. 그거, 전부 다 남성들이 만든 제도다.

처음부터 여성은 '여자라는' 선입견 때문에 배제되었고, 남성은 '남자라는' 선입견 때문에 배제되지 않았다. 태초에 남녀 누구나 군대 가는 정책이 있었는데 이를 이기적인 여성들이 항의해서 남자만 고생하고 있는 게 아니라는 거다. 그러니, 여성은 혜택'만' 누린다는 접근은 몰역사적 이해인 거고 여기에서 분출되는 여성'도' 의무를 다하라는 식의 이야기는 성차별적 편견을 활용해 사회에 전혀 도움 되지 않는 해법을 근시안

* "김기현, '여성은 전시에 안 죽나? 민방위 훈련 받아야'", 〈조선일보〉, 2023. 1. 31.

적으로 만들 뿐이다.

여성이 군대를 간들 '진정한 성평등'이 실현될 리도 없다. 오히려 여성을 분리하고 배제시킬 명분만 강화된다. '이제는 여성도 군 복무가 가능하다'는 긍정적인 기운이 아닌, '앞으로 여자도 당해봐라!'라는 푸념으로 만들어진 어설픈 조치들은 낯선 공간에 유입된 새로운 이들을 기존의 고정 관념을 총동원해서 난도질해도 되는 분위기를 조장한다. 지금껏 군대는, '너희들은 앉아서 오줌 싸는 여자들하고는 달라야 한다'는 망언을 동기 부여랍시고 떠들었고 심지어 여군들에게는 '여자 소리 내지 마!'라면서 존재를 부정하라고 강요했다. 웃긴 건, 여성은 '여자이기에' 군대와 맞지 않다면서도 여군에게는 섬세함, 단아함 어쩌고를 주문하면서 '여자답게' 행동하라고 다그쳤다는 거다.

여기서 여성이 어떻게 해석되겠는가. '군대에서도 징징거리는 여자', '군대에서도 오또케 오또케 하는 여자들'이라는 빈정거림이 창궐할 거다. 행군 중에는 남자도 무수히 낙오되었지만, 앞으로 여성의 동일 사례는 '이러니 여자는 안 된다'는 근거가 됨이 분명하다. 이런 곳에 단지 여성이 투입만 되는 건 진정한 성평등이 아니라 진정한 불평등만 고착화될 뿐이다. 악순환의 선순환이랄까.

논의가 흘러가면, 평등을 중요시 여기는 북유럽 여러 나라가 여성 군 복무를 강제하고 있음이 꼭 언급된다. 맞는 말이다. 그런데 짚어야 할 것은, 여성'도'가 없다는 것이다. 대신, 여성'이' 복무하면 군에 도움이 된다는 전제가 선명하다. 덴마크 국방부 장관은 여성 징병제 논의에 "더 많은 여군이 복무하게 됨으로써 군에도 도움이 될 것"*이라고 말했다. 이는 남성'만'의 조직으로는, 그게 군대라 할지라도 한계가 있음을 뜻한다.

군대에서 벌어지는 성폭력, 왕따, 비리 등의 문제를 보면서 느끼는 생각은 비슷할 거다. 피해자가 목숨으로 세상에 진실을 알리는데도 어찌 저 조직은 감추는 데 급급할까, 끼리끼리 쉬쉬할까, 군대 아니었으면 진작에 난리 났을 것이다, 아직도 군대는 멀었다 등등. 이런 문제가 반복되는 큰 원인은 남성'만'이 조직을 대변하는 데 있음을 인정해야 한다. 이때 여성'이', 조직의 폐쇄성을 극복하는 데 도움이 될 수도 있다. 이거야말로 궁극적으로 강한 군대가 완성되기 위한 중요한 이유 아니겠는가. 남자가 억울하니 여자도 복무하라는 게 아닌 여자가 복무하면 공동체가 더 안전해진다는 흐름이 가능할 때, 여성'도'가 나올 수 있다. 남자만 죽도록 고생하니, 여자도 고생

---

* "노르웨이·스웨덴 이어 덴마크도 '여성 징병제' 도입하나", 〈시사저널〉, 2023. 1. 27.

하라는 건 정책이 될 수 없다.

'여자는 연약해서 전투를 할 수 없다'는 편견에 맞서는 군 복무 희망은 가치 있는 사회 운동이지만, 국가가 개인을 얼마나 괴롭히는지를 함께 체험하자는 투쟁은 세상 어디에도 없다. 엄마에게만 급식 당번을 시켰을 때를 기억해보자. 그때 많은 여성들이 목소리를 냈는데, 어떤 여성도 역차별 운운하지 않았다. 남자도 급식 당번을 하는 게 진정한 평등이라고 하지 않았다. 그저 왜 이걸 엄마가 해야 하냐면서 분노했다. 함께 차별받는 것으로 사회는 진보하지 않으니까 말이다. 지금의 군대를 지배하는 남성 중심적 기본 값을 반성하고 수정하여 정말로 강하고도 또한 신뢰받는 군대를 희망할 때, 여성 징병제 논의는 큰 의미를 지닌다. 남성들의 시야 안으로 여성들이 평가받으러 들어가는 게 아니라, 여성의 시야로 기존의 판이 비판받고 변화가 가능해질 때, 그런 참여를 보장받을 때 여성'도' 당연히 군대를 가야 한다.

명심해야 할 것은 다짜고짜 남성을 징집하는 현재의 군 복무 형태를 그나마 이 정도 수준에서 불합리하다고 언급할 수 있게 된 배경에, '군대 다녀와야지 사람 된다'는 실없는 소리를 끊임없이 비판하고 병역'필'이랍시고 어깨에 힘주는 사람을 구닥다리라면서 냉소한 이들이 있었다는 거다. '남성성을 강요하는 사회'가 왜 문제인지 따져 묻는 분위기가 없었다면 불가능했을 진전이다. 그게 바로 그토록 싫어하는 페미니즘이라는 건 아는지 모르겠다.

가사 노동의 평등을 위해
여자도 군대 가라?

선거 때가 되면 공약이 난무한다. 여기는 기차역 생기고, 저기는 지하철역 생기고, 이쪽에는 쇼핑몰이 예정되어 있고, 저쪽에는 대기업이 입주하기로 약속했다는, 그런 아무 말 대잔치 말이다. 여기에 여러 정치 세력들이 흩어지고 뭉치는 상황이 발생하면 하이브리드(라고 쓰고 '잡종'이라고 읽는) 공약이 등장한다. 다양한 지지자들의 표를 계산해야 하니, 대단히 창의적인 그래서 뜬구름 잡는 중구난방의 청사진이 불쑥불쑥 등장한다. 22대 국회의원 선거가 다가오던 2023년 12월에도 그랬다. 가사 성평등 달성을 위해서는 병역 성평등이 함께 이뤄져야 한다는 주장이 전·현직 국회의원의 입에서 나왔다.* 그것도 이상한 인터넷 방송에서가 아니라, '대한민국 국회'라고 선명하게 찍힌 단상 앞에서 말이다. 남성의 징병과 여성의 가사 노동이 동전의 양면처럼 맞물려 있다는 설명이 이어졌다.

그런가? 그 결이 함께 논의될 성질이었던가? 마치 '가는 게 있어야 오는 게 있지 않냐'면서 여자도 군대에 가야 남자가 육아에 더 참여한다는 이 괴상한 거래가 효과가 있을 거라니 황당하다. 오랫동안 한국 사회를 떠도는 유령인 '남자만 군대 가잖아'라는 푸념을 기계적으로 흡수하고 '여자도 개고생 한번 해봐야 남자가 힘든 걸 알지'라는 추임새를 공식적으로 인정하면, 제도는 징벌적 성격으로 변할 뿐이다. 어찌 좋은 사회이겠는가. 여성이 문을 열어달라는 것과 남성이 너희들도 죽어보라면서 강제로 밀어 넣고 문을 닫아버리는 것의 간격은 매우 크다.

남성 육아 휴직 의무화 등의 제도적 변화만큼 중요한 게 '그게 왜 필요한지'에 관한 합의다. 여성이 지닌 돌봄의 무게를 줄이지 않으면 결혼 기피와 저출산 같은 사회적 문제가 발생해

---

* "금태섭·류호정 '여성 징병제도 논의할 수 있다, 병역 성평등 필요'", 〈경향신문〉, 2023. 12. 11.

장기적으로 모두가 부담이라는 사실을 인정해야 한다. 이 심각성에 이견이 없다면, 다음 수순은 해결 방법에 대한 고민이어야 한다. 여기에 '왜 남자만 군대 가나!'라는 추임새가 붙을 이유가 없다. 이건 동전의 양면이 아니라, 붙어서는 안 될 두 가지가 '그릇된 문화의 힘'으로 접착되었을 뿐이다. '떼는 게' 정치의 존재 이유요, '붙이지 않는 게' 정치인의 기본 자격일 거다.

정치는 사회를 공정하게 만들기 위해 노력하는 것이지만, 무엇이 공정인지를 고민하지 않으면 엉뚱한 해법이 진지하게 등장하는 꼴로 이어진다. 2023년 봄에는 한 정당의 정책위원회에서 저출생 대책이랍시고 '자녀 3명인 20대 남성의 병역 면제'를 검토했다는 사실이 알려져 논란이 되었다.* 해프닝으로 끝났지만, 저 이야기가 오갔을 회의실 속 공기는 가볍지 않았을 거다. 단순한 의견을 넘어 진지하게 서로들 토론했기에, 외부로 알려졌음이 분명하다. 어쩌면 자신들끼리는 꽤나 괜찮다고 생각했을지도 모른다. 상식적이라면 저 논의가 등장하자마자 "뭐? 누가 알까봐 부끄럽다!"라는 한탄과 함께 폐기되었어야 할 논의지만, 그런 반론이 있었겠는가. '올해의 가장 수준

---

*   "'20대, 아이 셋 두면 軍 면제'? 與 저출생 대책 '싸늘'", 〈KBS 뉴스〉, 2023. 3. 23.

낮은 아이디어'가 오갔을 회의실을 상상해본다.

여성가족부 폐지를 공약으로 내세웠던 정권의 입맛에 맞는 사람들로 꾸려진 위원회에서는 저출생을 논하면서도 투박한 공정론을 전면에 내세웠을 거다. 그것에 심취했던 누군가가 툭 내뱉었겠지.

"기존의 저출생 정책은 여성만 특혜를 얻는 식이었어!"

여자는 권리만 주장하고 의무는 모른척한다는 말에 익숙했던 옆 사람이 맞장구를 쳤겠지.

"맞아. 회사에는 출산을 벼슬처럼 여기는 여자들이 많아. 뼈 빠지게 돈 버는 건 남자들인데 말이야."

이 말을 논리적이라고 생각하는 건너편 아무개가 추임새를 넣겠지.

"남성들이 역차별받는 정책 말고, 남자에게도 혜택을 주자고!"

이런 흐름은 필시 군대 이야기로 이어진다. 생뚱맞지만 그게 한국에서 자연스러운 논리다. 남자 억울하니, 여자도 군대 가자는 고통의 평준화 정책이 시원하게 튀어나왔을 거다. 괴상한 기계적 평등론이 꼬이고 꼬이면서, 직업 군인을 선택한 여성이 출산하면 1억 원을 주자는 놀라운 말이 실제로까진 아니더라도 누군가의 목 끝에서 맴돌았겠지. 아무 말 대잔치가 나름 교통 정리된 결과가, 다둥이 아빠 군 면제라도 시켜주자는 발상이었을 거다. 형평성이라는 단어는 양념으로 사용되었을 테고.

이 기운, 누구도 제어하지 못했을 거다. 아니, 제어할 '누구도' 없었을 거다. 그나마 존재하는 대책마저 왜곡되었을 것이 분명하다. 남성이 육아 휴직을 사용하는 게 어려운 사회의 고정 관념을 따지면서 저출생의 본질에 접근하기는커녕 왜 여성'만' 육아 휴직을 하느냐는 독특한 주장을 당당하게 말했을 거다. 이때도 역시나, '여자는 휴직이라도 챙겨 먹지, 남자는 일하고 와서 애까지 봐야 하는 게 현실'이라고 말하는 동조자가 있었을 거다. 생각은 자유다. 하지만 그 생각과 저출생 대책은 상극이다.

저출생 문제는 육아하는 사람의 고충을 줄여주는 것만으로는 해결되지 않는다. 다른 사람과 연애하고 결혼하고 출산에 이르도록 하는 흐름이 자연스러워야 가능하다. 지금껏 이 문제에 대해 사랑을 고차원적으로 다루면서 가정을 숭고하게 묘사하는 식으로 접근했다. 하지만 사랑이 넘치는 가정은 남편은 남자답게, 아내는 여성스럽게라는 성별 고정 관념을 연료로 굴러갔다. 불평등을, 불평등이 아니라고 여기면 가족은 화목했다. 희생을, 희생이 아니라고 생각하며 경력 단절을 단절이 아닌 새로운 출발로 받아들이면 다른 가족 구성원들이 무탈했다.

이게 한때는 안정적인 출생률로 이어졌지만 지금은 저출생의 강력한 원인이 되었다. 그러니 저출생이 문제라면, 성차별의 유산이 여전할 거라는 전제를 쉽게 부정해선 안 된다. 하지만 '구조적 성차별은 없다'는 사람이 무려 대통령에 당선되지 않았던가.* 존재하는 불평등을 끊임없이 부정할 상상력이 거침없이 떠도는 건 당연했다. '나의 어머니는 평생 주부로 살면서도 불평한 적이 없건만, 요즈음은 별로 힘든 것도 없는데 왜 그러냐'고 생각하는 사람이 과연 그 회의실에 없었을까? 아니, 그 회의실에만 있었을까?

---

* 윤석열 전 대통령은 대선 후보 시절 "여성가족부 폐지를 우선 순위로 공약한 것은 편 가르기 의도 아닌가"라는 질문에 이렇게 답했다. "젊은 사람들은 여성을 약자로 생각하지 않는다. 더 이상 구조적인 성차별은 없다. 차별은 개인적 문제다. 남성이 약자일 수도, 여성이 약자일 수도 있다. 여성은 불평등한 취급을 받고 남성은 우월적 대우를 받는다는 건 옛날 얘기다."("윤석열, '내가 보복 정치? 죄지은 민주당 사람들 생각일 뿐'", 〈한국일보〉, 2022. 2. 7.)

기본 값을 수정하라

"아직도 성차별이 있다고 생각하시나요?" 이런 질문, 할 수 있다. 그런데 성평등 강연 후에 등장하면 약간은 황당하다. 남자 고등학교에선 대단히 흔하다. 기업이나 관공서에서도 유사한 분위기는 곧잘 흐른다. 기업 강연에서 페미니즘을 오해하지 말라고 두 시간 동안 이야기했는데 마이크를 잡은 CEO는 이렇게 말한다. "페미니즘은 틀렸고 휴머니즘이 맞다."

질의가 이렇다면, 강연 시간의 분위기는 오죽하겠는가. 원치 않는 내용을 강제로 들어서 짜증 난다는 걸 얼굴에 당당히 드러낸 이들의 노골적인 무관심은 단순한 정적감으로 다가오지 않는다. 질의응답 시간만 기다리는 모양새다. 시한폭탄이

째까째까거리는 느낌이다. 솔직히, 무섭다. 하지만 이상한 일이다. 논리적으로 맞지 않는 상황이다. 무관심한데 어떻게 질문을 하고 싶어 한단 말인가. 강사가 무슨 말을 하는지를 들어야만 따지기라도 할 거 아닌가. 물론 기우다. 문화의 힘은 과학적 사고로 이해할 영역이 아니다. 그 바닥에선 비논리적인 게 논리적으로 통한다.

요즘 남성들이 얼마나 고단한지, 그들은 흥분한 채 설명한다. 예전처럼 여성들에게 농담했다가는 큰일 나는 세상인데 무슨 말이냐, 신체 접촉은 상상 불가고 회식 때 술 한잔 받는 것도 노심초사하는 게 지금 현실인데 성차별이 도대체 어디에 있냐며 발끈한다. 요약하자면, 세상이 달라져서 남자들이 신경 쓸 게 더 많아졌다는 거다. 그런 눈치 보고 사는 게 더 힘들다는 푸념인데, 푸념치고는 소리의 강도가 크고 날카롭다. 누가 들어도, 비꼼이란 걸 알 수 있을 정도다. 성찰로 이어질 푸념이 애초에 아니다.

원래 그러면 안 되는 것인데, '그래도 괜찮은 세상'에 길들여지면 기존과 달라지는 상황들이 어색하고 불편하다. 오랫동안 기업 문화는 음담패설도 허용하였고 신체 접촉을 친밀감의 표시로 (당하는 쪽이) 받아들이도록 강요했다. 노래방에서 상사와 블루스를 추고 문제 제기를 하지 않는 여성들에게만 사회생활

잘한다는 수식어를 붙였고 반대의 경우는 뒤끝 있는, 그래서 믿고 일을 맡겨서는 안 될 인간으로 취급했다. 피해자가 어디에라도 알리면 내부 고발자라면서 수군거렸다. 남성과 여성에게 부여하는 역할도 성별 고정관념에 따라 철저히 달라야 했다. 남성을 야수처럼 부리면 카리스마 있는 리더가 되었고 여성을 직장의 꽃, 딱 여기까지만 인정하고 일을 시키면 관리 잘한다는 소릴 들었다. 야수가 꽃 따위를 신경 쓰겠는가. 조직의 기본 값에 여성은 없었다.

지금은 이 정도는 아닐 거라고 말할 사람이 있을 거다. 맞다. 조금은 예전 이야기고 뉴스에 나올 법한 내용이기도 하다. 문제는, 과거의 추태가 성찰적으로 다음 단계에 진입했냐는 거다. 성찰한다면, 과거와는 다른 태도를 지님에 무슨 불편함이 있겠는가. 오히려, 좋은 세상이 와서 정말 다행이라고 여기는 게 상식이다. 내가 더 이상 실수하지 않도록 경각심을 준 사회에게 고마워해야 한다. 하지만 많은 남자들이 뱉는 '요즘 세상에 그러다가 큰일 난다'라는 추임새에 그런 향기가 있는가? 그 요즘 세상에 더 이상 여성이 차별받아선 안 된다는 시대정신이 넘실넘실 흐르고 있는가? '까딱하면 남자가 골로 가는 세상'이라는 뉘앙스가 절대적이지 않은가?

불평등이란 기본 값의 불균형을 말하며, 평등은 기본 값을 수정해야 가능하다. 기울어진 운동장을 태초의 질서처럼 여겼던 사람들의 일상이 그대로 유지된 채 차별이 사라질 리 없다. 과거처럼 말하고 행동하지 않는 건 누구의 자유를 훼손하는 역차별이 아니라, 누구의 불평등을 조금이라도 줄이기 위해 감당해야 하는 시민의식이다.

문명은 이러한 시민의식이 성장하면서 기본 값 안에 보다 많은 사람들이 포함되는 방향으로 성장했다. 고대 그리스의 참정권에 여성은 없었다. 그거 얻는 데 2천 년이 걸렸다. 어느 날 누가 선물이라도 준 것이겠는가. 여자들은 감정적이라 제대로 된 의사 표현을 할 수 없다는 논리가 불과 100여 년 전에도 판쳤다. 유교의 나라에서만이 아니라, 영국에서도 미국에서도 말이다. 그러니 여성들의 권리 요구는 늘 사회적 논란으로 이어졌다. 기본 값이 멍청하면, 그걸 조정하는 데에도 사회는 논란의 시기를 거쳐야 한다. 그걸 마주하지 않고, 그러니까 '사회적' 시끄러움을 회피하면서 좋은 세상은 불가능하다.

기본 값의 수정은 남성들에게도 큰 도움이 된다. 내 강연의 절반은 그 기본 값 때문에 힘들어하는 남자들 이야기다. 성별 고정 관념이 강화된 사회에서 강한 남성으로 살아가는 건 대단히 힘들다. 그 사회를 비판하는데도 남자 고충을 외면 말라는 반응이 나오니 어찌 기막히지 아니한가. 성평등은 당연히 성 불평등을 짚어야만 가능하고 이를 개선하려면 일상 속 고정 관념을 깨야 한다. 여성에게 기대하는 것들의 모순을 비판하는 것처럼 남성에게 강요하는 허상이 얼마나 개인을 어그러지게 하는지를 따져 묻자는 게 내 주장이자 남성학의 요지다. 그러니 왜 남성의 힘든 삶을 외면하냐면서 분노하거나 여성을 증오할 이유가 전혀 없다.

하지만 어느 순간부터 남성학과 남성 고충 상담이 구분되지 않더니, 조금이라도 페미니즘의 결이 있다면 마음껏 조롱해도 된다고 여기는 이들도 늘어났다. 실제 요즈음 성교육 타이틀을 걸고 강연하는 강사들조차 역차별받는 남자들도 생각해야 한다면서 페미니즘이 아니라 휴머니즘이 중요하다고 말하기도 한다. 이런 것들이 어찌 페미니즘에 대한 공격 신호가 되지 않겠는가. 그 페미니즘 없이 '남자라는 이유만으로 고통받는' 현실이 조금이라도 개선되겠는가.

《자본주의 사회에서 남성으로 산다는 것》(명다인 옮김, 또다른우주, 2023)의 저자 스기타 슌스케는 억울함만을 강조하는 방식은 남성을 결코 구원하지 않는 슬프고 암울한 길이라 말한다. 자신을 짓누르는 정체에 진정으로 다가가려면 남자'도' 괴롭다는 패러다임에서 벗어나라고 따끔하게 지적한다. 남자답게 사는 게 참으로 힘들다고 솔직하게만 말해도 충분히 공감과 연대로 나아갈 수 있음을 다정히게 덧붙인다. 어떤 성으로 태어났든 아니든 인간답게 사는 게 더 중요하지 않냐고 격려한다. "남성학은 여성학과 페미니즘에서 제기하는 문제를 수용해 남성들이 자기 자신에게 다시 묻는 학문"(앞의 책, 58~59쪽)이라는 점을 생각할 때, 페미니즘에 날을 세우며 여자보다 억울하다는 식의 말들이 얼마나 번지수가 틀렸는지 묻지 않을 수 없다. 남성들은, 남성들에게 과중한 부담을 안겨주는 이 시스템에 분노해야 한다. '여자만 힘드냐'는 증오의 불씨를 던지는 방법으로는 진흙탕 싸움만이 반복될 뿐이다.

기본 값의 수정은 어제의 삶이 물 흐르듯이 흘러가면서 이루어질 수 없다. 어제의 물줄기가 멈추고 방향을 틀어야지만 가능하다. 한 서점에서 휠체어가 올라갈 수 있는 철제 경사로를 설치했는데, 통행에 방해되니 철거해야 하지 않느냐는 민원이 지자체로 들어온다.* 이런 일은 드물지 않다.** 누군가의 권리가 찾아지는 과정을 역차별로 받아들이는 건, 비장애

---

* "경산역 서점 앞 '장애인 경사로' 철거 논란", 〈YTN〉, 2017. 3. 2. 나는 이 사례를 《하나도 괜찮지 않습니다》(블랙피쉬, 2018, 32~33쪽)와 《지금 여기, 무탈한가요?》(북트리거, 2020, 111~112쪽)에서도 다룬 바 있다. 사회의 민낯을 드러내는 명징한 사례이기에 한 번 더 언급했음을 밝힌다.
** "또다시 민원으로 사라진 '휠체어 경사로', 이번에는 핸드폰 매장", 〈비마이너〉, 2017. 10. 25.

인만을 기본 값으로 설정한 기존의 도로를 자연의 질서로 여겨서일 게다. 인도(人道)의 인(人)에 장애인이 배제되었던 과거가 전혀 어색하지 않아서다. 그리고 이를 사람의 도리(人道)와 무관한 것으로 여겨서다. 그럴 수 있는 감정은 그저 '오랫동안' 그렇게 살아왔기 때문이다. 그 당연했던 일상에 작은 균열 하나가 생겼을 뿐이지만, 화들짝 놀란다. 이 시끄러움을 필요한 것으로 받아들이지 않고 사회는 조금도 나아질 수 없다. 잘못된 설계도를 뜯어고치는데 어찌 사람들의 어제가 오늘과 같을 수 있겠는가.

기쁘게 받아들여야 한다. 사람들은 몸을 변화시키려고 이를 악물고 노력한다. 살을 빼고 근육을 키우고 체형을 바꾼다. 일상의 모든 기본 값을 점검하고 개선하면서 말이다. 평소에 먹던 음식을, '칼로리가 높은 음식이 몸에 들어오면 중성지방이 높아진다'면서 자제한다. 보통 때와는 다르게 '고통을 참으면서' 운동한다. 성가신 땀과 가쁜 호흡, 모든 게 다 건강해지기 위한 필요한 시끄러움일 거다. 사회도 마찬가지다. 평소에 무의식적으로 했던 말과 행동이 차별로 이어질 거라는 성찰 없이, 그릇된 습관을 전복시키는 실천 없이, 변화는 불가능하다.

맘충이 만들어지는
한 조각들

 아내와 15개월간 떨어져 살았다. 4년간 살던 제주 생활을 예상치 못한 이유로 정리하고 육지로 나오게 되었는데, 아내의 일이 어중간하게 끊길 상황이어서 내린 결정이었다. 강연을 다니면 관계자들이 제주살이 좋냐는 질문을 하면서 근황을 묻곤 하는데, 이사했다는 이야기가 길어지다 보면 아내는 아직 제주에 있다는 말도 슬쩍 공유된다. 이때마다, 이런 질문이 자연스레 등장한다. 중년 남성이 아내와 떨어져 거주한다는 정보를 입수한 이들 중 열에 아홉은 이렇게 묻는다.
 "그러면, 지금 혼자 사세요?"
 편견은 이렇게 무섭다. 하지만 충분히 짐작할 만한 편견이다. 나는 제주도에 살 때, 엄마와 아이들이 제주에 1년살이를 하러 오는 경우는 흔하게 보았지만 반대인 경우가 기억나지 않는다. 물론, 아빠만 와 있는 경우는 많다. 그러니까 아이가 있는 가족이 수개월 이상 떨어질 때 아이와 엄마가 분리되는 걸 사람들은 쉽게 상상하지 못한다. 내가 혼자가 아니라고 하면, 놀라는 이유다. 편견은 계속 이어진다. 아빠가 아이들을 데리고 있을 만한 이유를 애써 찾는데, 대단히 전형적이다.

"우와, 밥도 다 하신다는 거예요? 요리를 엄청 잘하시나 봐요."

나는 "그냥 하는 거죠 뭐"라면서 얼버무린다. 왜냐하면 가사노동으로서의 요리를 누가 더 잘해서 한다는 게 말이 되지 않으니까 말이다. 여성들이 가족들의 밥을 챙겨줄 때, 요리 잘해서 좋겠다고 누가 감탄한단 말인가. 어떤 여성도 요리를 잘해서 그 일을 하지 않았다. 해야 되니, 하다 보니 잘하게 되었을 뿐이다.

"어휴, 밥하기 싫어 죽겠어요"라고 말할 때도 반응은 다르다. 내가 투덜거리면, "그래도 자상하시다. 밥하시는 게 어디야?"라는 좋은 평가가 따른다. 투덜거림과 자상함은 어울리지 않는 조합이지만, 남자는 밥하는 행위로 가정적이라는 소릴 듣는다. 나처럼, 아이까지 돌보면서 밥도 하면 단지 그 사실 두 개만으로 나는 귀감적 인물이 된다. 여자에겐 따라붙지 않는 해석이다. 아내가 밥하는 게 왜 불만이냐, 엄마가 아이를 돌보는 데 이유가 있어야 하냐는 냉소적 시선이 더 강했을 거다. 이 시선, 계속 대화에 끼어든다. 딸의 질풍노도 청소년기에 대해서 으레 주고받는 그런 말들을 하면서 '아이 키우기 힘들다'고 슬쩍 흘렸을 뿐인데 이런 말이 뒤따른다.

"그 나이 때 여자 아이면, 지금 엄마가 굉장히 필요한 나이인데…."

그런가? 우리네 대화에서 아이 곁에 엄마가 필요하지 않은 순간이 있기라도 하단 말인가? 아이에게는 언제나 엄마가 필요하다고 하는 건, 언제나 엄마만 곁에 있어서다. 서로가 통하는 무슨 생물학적 혹은 초자연적 이유가 있어서가 아니라, 함께 공유한 시간이 절대적으로 많아서다. 아이에 대해서 아빠가 모르는 걸 엄마가 많이 아는 건 여성의 호르몬과 상관없다. 그래도 딸과 엄마는 다르다고 할 사람이 많을 거다. 재미있는 게 "고등학생 남자면, 지금 아빠가 굉장히 필요한 나이"라는 말은 좀처럼 들어볼 수 없다는 거다. 자녀가 남자든 여자든, 대부분의 뒤치다꺼리는 주로 엄마가 하지 않던가.

우리 집에 성별 편견이 자욱했다면, 저런 대화가 물 흐르듯이 주거니 받거니 이어졌을 수도 있다. 하지만 다행히도 내 가정에 '그건 여자가 해야 하는 일' 따위의 관념은 대단히 푸석한 편이다. 그러기 위해 오래 노력했다. 나는 결혼을 하며 다짐한 게 딱 하나인데, 그런 편견을 아이들이 가지지 않게 하는 거였다. 별것도 아니다. 내가 청소하고 빨래하고 육아하고 밥하는 거다. 이를 알게 된 사람들 중 일부는 분명 내게 특별한 상황이 있을 거라고 짐작한다. 거칠게 말하면 아내가 돈을 잘 벌고 나는 집에서 글이나 쓰면서 빈둥거릴 거라고 말이다. 그래서 아내의 직업을 노골적으로 묻기도 한다. 아내의 경력 단절 기간에 나는 이런 말을 가끔 들었다. "아내가 집에서 놀면서 밥도 안 차려줘?" 누굴 향해 집에서 논다라고 표현하는 게 얼마나 무례한지는 다 알 거다. 그걸 감추지 못한다. 아내가 경력 단절을 끊고 일을 시작하자 달라진 생활 패턴으로 몇 번 아팠는데 적잖이 가까운 사람이 이런 소릴 했다. "지금까지 아무것도 안 하고 집에서 놀았으니 힘들 만하지."

저 구태의연한 언어 습관이 여성이라고 예외겠는가. 인터넷에는 밥 챙겨주니 마니로 남편과 싸웠다는 글들이 종종 등장하는데, 이때 여자가 일을 안 한다면 당연히 밥을 차려야 한다고 설파하는 여성들도 많다. 이들은 '집에 있다'라는 변수를 '한가하다'로 해석하며 전통적 성별 분업을 유지시킨다. 유사한 배경은 많다. 육아와 일이라는 두 마리 토끼를 잡았다는 워킹맘들의 고군분투가 담긴 글들에는 '집에서 놀고만 있을 수 없어서', '더 이상 퍼져서 살 순 없다고 결심하고', '애들에게 당당한 엄마의 모습을 보여주기 위해' 등등 전업주부의 상태를 결핍이자 탈출해야 하는 것으로 보는 시선이 가득하다.

자신의 치열함을 도드라지게 하려고 어떤 사람을 나태하다고 규정하면 되겠는가. 그런 씨앗들이 무럭무럭 자라면 차별의 열매가 주렁주렁 얼린다. 예를 들어 '대낮에 할 일도 없이 카페에서 수다나 떠는' 식의 혐오 표현이 누굴 가리키는지는 선명하다. 카페에서는 누구나 이야기를 주고받고, 또 그 이야기들은 싱거운 경우가 많지만 '전업주부처럼 보이는 여성'이라면 매우 부정적으로 각인된다. 이 경험이 누적되면 누구는 카페에서 이야기 좀 했다고 '남편이 뼈 빠지게 고생해서 벌어온 돈을 흥청망청 쓰는' 아주 나쁜 여자로 일반화된다. '맘충'이란 단어가 불쑥불쑥 등장할 수밖에 없는 이유다.

차별은 일상 속의 평범한 이야기에서 형성된 '그럴 만한 근거'를 연료 삼아 맹렬히 전진한다. 가부장적 질서 속에서 여성들은 늘 누구를 도와주는 역할을 맡아야만 했는데, 그래서 하찮은 대우를 받았다. 대단한 일이 아니라는 이유로 말이다. 그리고 현대 사회의 자기 계발 패러다임은 그 하찮음을 더 하찮게 찌그러트린다. 마치 성차별은 별거 아니라는 느낌을 지닌 알파걸이니, 슈퍼맘이니 등의 단어로 수식되는 여성들의 성공

사례들은 '애 키운다고 투덜거리는 보통 여자들'하고는 '다르다'고 해석된다. 여성들 내부가 세상에 도전한 자와 현실에 안주한 자로 어찌 분류되지 않겠는가. 이 상상이 누적되면, 전업주부는 '남들 일할 때 집에서 빈둥빈둥 노는' 이미지로 보편화되어 상시적으로 혐오에 노출된다. 맘충 되는 건 순식간이다.

섬세함이라는
투박함

 차별이 넘쳐나는 세상에서 차별을 극복했다는 이야기는 언제나 훈훈하다. 세상의 편견을 이겨냈으니 감동적이다. 학력 차별이 심각한 만큼, 지방대 출신이지만 대기업에 합격했다거나 고졸이지만 밑바닥에서부터 차근차근 올라와서 성공했다는 아무개의 파란만장한 일대기는 주목받는다. 성차별도 마찬가지다. 특정 성별이 돌봄 노동에 지쳤거나 유리 천장이라는 가혹한 진입 장벽에 힘겨워할수록, 그럼에도 일과 육아를 포기하지 않고 보란 듯이 천장을 깨트렸다는 어떤 이의 고군분투가 이슈가 된다.
 바늘구멍을 통과한 예외를 "사회 탓하지 마라!"는 자신의 철학을 뒷받침하는 근거로 써먹는 나쁜 경우도 있겠지만, 대부분은 좋은 의도로 언급했을 것이다. 절망보다는 희망을 바라보자는 선의이자, 하늘이 무너져도 솟아날 구멍이 있다는 격려 아니겠는가. 하지만 악의 없는 위로가 사회를 반드시 좋은 방향으로 나아가게 하진 않는다. 오히려 기존의 고정 관념을 강화하기도 한다. 지방대의 기적, 신화 어쩌고의 이야기들이 학력 차별은 별수 없다는 전제에서 출발하는 것처럼 말이다. 힘들수록 더 성실하고 더 이를 악물어야 한다는 건 외적으로는 차별에 맞서는 동적인 느낌이 강해 보이지만, 내적으로는 차별이 옳은지 그른지 따위를 결코 따지지 않겠다는 대단히 정적인 태도를 뜻한다. 그러니 한국인들은 '공부 못하면 몸이라도 부지런해야지'라는 차별적 시선에 대단히 익숙하다.

성차별이 완만해지고 있다는, 그러니까 여성이 '배제되는' 사회적 틀이 변화하는 현상을 분석할 때도 고정 관념을 강화하는 실수가 기어코 등장한다. 드라마 연출을 맡는 여성 PD가 증가하는 방송계 현상을 고무적으로 평가하는 기사를 보자.* 좋은 현상임은 자명한데, 이런 식으로 시대 변화를 읽어 내는 기사들은 예외 없이 여성을 '여자만의 특성을 지닌' 존재로 다시 규격화한다. "여성이 더 잘 표현할 수 있는 감성과 결

---

* "장르물, 여성 드라마 피디가 주름잡다", 〈한겨레〉, 2021. 4. 13.

이 장점으로 부각", "협업이 더욱 중요해졌기에 여성 특유의 소통 능력이 빛을 발하는" 등의 부연 설명이 반드시 동반된다. 괜한 트집이 아니라, 늘 여성 PD는 전통적인 스테레오타입으로만 설명된다는 거다. 비슷한 논조의 기사 제목을 찾으니 이렇다. "엄마 감성으로 버무린 예능, 방송계 여성 PD 전성시대", "여성 프로듀서의 장점은 창의력과 섬세함".

여성의 사회적 위상이 달라지는 현상이야 두 팔 벌려 환영할 일이다. 그런데, 이를 여성 특유의 무엇 때문이라고 포장하면 그 위치에 있는 여성들은 "엄마의 자상함, 여성의 섬세함이 무기였다"는 식의 말을 해야 한다는 우주의 기운을 느끼게 된다. 여기까진 그럴 순 있다. 당사자가 그렇게 느끼는 거야 어쩌겠는가. 하지만 저 무기를 지니고 고군분투한 여성의 모습이 곧잘 유리 천장을 '깬' 사례로 빈번히 활용되면서 고정 관념을 더 강화한다는 거다. 여성과 섬세함의 조합은, 누군가가 여성을 차별하는 사회 때문에 힘들다고 할 때 '여성도 여성만의 장점을 발휘하면 충분히 성공하는데 왜 그래?'라는 생각의 연료가 된다. 여성의 성공은 여성 특유의 무엇을 잘 살렸다고 쉽사리 분석된다. 여성의 실패도 여성 특유의 무엇을 잘 살리지 못해서라고 물 흐르듯이 해석된다. 하나 더 추가하자면, 여성 특유의 무엇만 강조하다가 실패했다는 조롱도 잦다.

섬세하고, 감성적이고, 소통 능력이 좋다는 말이 무엇이 문제냐고 하겠지만 그런 이미지는 '돌봄 노동'에 특정 성별이 더 적합하다고 느끼게 하는 핵심 연료가 된다. 게다가 듣기엔 좋아 보이는 저 수식어들은 결정적일 때마다 여성을 배신한다. '지나치게 섬세해서', '지나치게 감성적이라', '지나치게 소통에만 집착하다가' 중요한 일을 그르칠 수 있다는 편견의 씨앗은 여전히 일상과 일터에서 성차별의 강력한 근거로 작동하고 있다.

각자 자신의 삶에서 섬세한 여성, 감성적 여성, 소통을 중요시하는 여성을 자주 목격했겠지만 그건 '결과'다. 투박하게 빚어져 강제적으로 마주해야 했던 '여성의 틀'(여자다움)에 적응하고 살아야만 했던 누군가의 생존 전략이다. 이를 생물학적 특성으로, 자연적 이치로 믿어서야 되겠는가. 그럴수록 우리의 언어는 빈약해진다. 이런 일은 남자가 해야지, 저런 일은 여자가 하면 안 되지 등등 따위의 아무 말 대잔치가 사라지지 않을 테니.

나는 성별 차이를 완전히 부정하는 사람이 아니다. 모성애와 부성애가 다를 수도 있다고 믿는다. 하지만 그게 현대 사회의 육아와 일에 성별에 따른 적합도를 설명할 증거가 될 거라고 생각하지 않는다. 누구는 진화의 관점에서 남자들이 사냥

하니 여자들은 돌봄을 책임졌다고 하지만, 우리는 매머드를 잡으면서 살지 않는다. 우리가 막연히 구분하는 '남자는 이렇고 여자는 이렇다'는 목록 중 상당 부분이 사회적으로 만들어졌음을 늘 유의해야 한다. 남자를 중요시하는 유교의 영향이 크지 않았다면, 남자를 끌고 가는 전쟁이 없었다면, 남자를 부려 먹는 군부 독재의 압축적 경제 성장을 조금만 성찰했다면 충분히 다르게 생각할 수 있었다는 거다.

정말로 구분되는 생물학적 성질이 있긴 할 거다. 하지만 그건 경향성이다. 남자가 100%를 지니고 여자는 0%인 그런 특징은 몇 개 없다. 특히 성격은 그럴 수가 없다. 성별 따라 강하고 약하게 나타날 뿐이다. 이것도 전체적인 분포가 그렇다는 것이지 사람마다 그 강도는 천차만별이다. 누군가에게는 동일 성별이 주로 지닌 성격이 전혀 없을 수도 있다. 그래서 성별 구분은 정말로 어떠한지가 중요한 게 아니다. 그 확신이, 누군가를 힘들게 하기에 조심히 드러내야 한다. 섬세함의 과학적 증거가 무엇이든, 그 누구도 "이런 일은 섬세한 여성이 해야지"라며 사람을 압박해선 안 된다.

성별 편견의 역사가 직업 선택의 성별 차이를 만들기도 한다. 초등학교 교사 중에 여성이 많은 이유도 마찬가지다. 하지만 언제 이 인과성을 정밀하게 짚었던가. 우연히 들춘 신문의 기사에는 "신규 초등학교 교사 중 남성은 전체 10명 중 1명 꼴에 그친 것"이라는 내용이 담겨 있다. 제목은 이랬다. "서울 공립초등교 신임 교사, 남자는 10.6%." 소제목은 "작년보다 2.6%p 더 낮아져, 남성 지원자 비율도 13% 불과".

어휘의 향기가 어떠한가? '꼴에 그친 것', '더 낮아졌다', '불과' 등의 설명으로 보아 이 수치에 담긴 우려는 명확하다. 누가 읽더라도 초등학교에 남자 교사가 부족한 걸 걱정할 수밖에 없는 흐름이다. 이 통계적 사실은 지금껏 '여성이 차별받는다는 주장은 틀렸다'와 '오히려 남성이 불이익을 당하는 증거'라면서 꽤나 광범위하게 활용되곤 했다. 저 향기는, 그 우려를 걱정하는 모양새다. 초등 교원 중 여성 비율이 높은 건 일반적인 기업에서 여성이 온갖 편견으로 배제되는 차별의 결과다. 그러니 '여초'라는 말이 무작정 긍정적으로 붙을 수 없다. 성차별이 없는 세상의 증거처럼은 쓰여선 안 된다. 남성이 차별받는 증거랍시고는 더더욱 안 된다.

여전히 취업 시장에서는 남성성을 전제한 성향을 자기 소개서 등으로 평가하려 하고, 직장에서는 편견을 앞세워 기회를 봉쇄하는 경우가 과거보다 줄었을 뿐 여전하다. 그래서 직업적 안정성을 어떤 성별은 더 고려하게 되고, 그러니 어떤 직종에 특정 성별이 더 몰린다. 이는 스스로의 선택이지만, 그 선택

이전에 "(여자애가 이렇게) 공부를 잘하니 교사가 어울려"라는 주변의 조언이 어릴 때부터 부단히 있었음을 어찌 부인하겠는가. '섬세하니' 따위의 말들은 얼마나 많았을까. 바로 그 결과다. 섬세한 여성이 마음껏 활약할 수 있는 경기장이 있어서가 아니다. 섬세하다는 이유로, 여성을 받아주는 경기장이 너무 없어서다. 그래서 나는 '여성 특유의 섬세함'이라는 표현에 예민하다.*

* 여성의 섬세함에 기댄 대표적인 말이 '여자만의 촉'이다. 나는 이 현상을 비판하는 칼럼을 작성한 바 있다. "여자'만'의 촉은 없다", 〈경향신문〉, 2018. 10. 7.

고정 관념을 깼다는
고정 관념

가족인데 어쩌겠어. 이 말은 돌봄 노동의 지난함에 대한 표현이었을 거다. 부양에 지칠 때도 종종 뱉는 말이다. 문제는, 저 체념이 자신의 책임감을 다지는 정신력 강화 차원을 넘어 '내가 헌신적인 만큼 너도'라는 밧줄로 타인을 옭아맬 때다. 그 이유로 눈치를 주고, 다그치고, 나무라는 부모는 당당하다. 반대편선 입을 삐죽거리지만, 입만 삐죽거리는 게 다다. 답답함이 가슴을 누를 때, 환청이 들려온다. 가족인데 어쩌겠어. 유사품으로는 '가족인데 별수 있나'가 있다.

그래서 가족인 거지. 이 말을 오랫동안 긍정적으로 받아들였다. 화목하고 친근하고 연대가 가능해서 가족인 줄 알았다. 하지만 화목하게, 친근하게, 서로 끈적한 것처럼 보여야 하는 강박을 지닌 채 살아가는 가족도 많다. 외부로 보이는 그림이 중요해지면, 내부에서 따져야 할 입은 봉쇄된다. 가족이 다 마찬가지라면 모두가 잘못된 풍습의 평등한 피해자들이겠지만, 할 말 못하는 이들은 '남녀노소'에 따라 정해져 있다. 성별과 나이에 따라 누구는 말하고 누구는 말하지 못한다. 이 억울함이 끓어오를 때, 순식간에 냉정을 찾는 방법이 있다. 할 말 다하던 이들이 주로 내뱉는 '그래서 가족인 거지'라는 초월적 사고를 할 말 못하는 사람도 받아들이는 거다.

그래야, 산다. 살기 위해 단순해진다. 그럴수록 한쪽은 더 무례해지고 한쪽은 더 어그러지지만 별수 없다. 해독제 못 찾으면 빨리 진통제라도 먹어야 하니까. 표현하기 힘든 감정을 차근차근 설명하면서 근본적인 치유를 한다는 게 가족끼리는 불가능하다는 걸 알기에. 가부장제의 기운에 눌려도, 외모 품평의 대상이 되어도, 학력 차별을 당해도, 직업의 귀천이 있음을 가족 구성원들로부터 느끼지만 티 낼 수 없다. 가족끼리는 괜찮다는 건, '안 괜찮으면 어쩔 건데'와 같은 뜻이니까.

괜히 전통 가족의 신화를 해체하자는 이야기가 나오는 게 아니다. 격려하고 연대함이 마땅하다. 그런데 이야기가 뻗어가는 과정이 늘 효율적인 건 아니다. 가끔 학부모 간담회에 참여할 때마다 느끼는 감정은, 내가 《결혼과 육아의 사회학》(휴머니스트, 2018)을 집필하면서 공동육아를 취재할 때와 비슷했다. 공동육아는 기존의 육아와는 결이 약간 다르다. 기존의 육아, 거칠게 정의하자면 주로 엄마에 의해 대부분이 완성되는 육아를 지향하지 않는다. 어른의 시간을 위해 아이들을 어린이집에 '맡겨두는' 맥락도 경계한다. 고정 관념을 따르지 않겠다는 좋은 취지다. 그런데 이를 다른 사람에게 적극적으로 권할 때, '공동'을 '바른' 육아로 해석하는 일부가 있다. 이들의 자신감은 육아를 바르고 안 바르고로 구분해 본인의 반대편을 이상하게 규정하기에 이른다. 일반적인 어린이집을 교도소처럼 묘사한다. 학원 다니는 아이들을 학대받는다고 표현한다. 그 빈도와 강도에 비례해 자신들은 옳은 위치를 선점한다. 이 옳음은 곧 도덕적 우월감이 된다.

매우 거시적으로 시야를 확대하면 이들의 주장에도 일리는 있다. 한국인들의 육아에 어찌 문제가 없겠는가. 어린이집의 한계도 분명할 거다. 하지만 고도를 낮춰서 미시적인 일상 속으로 들어오려면 이야기는 달라져야 한다. 나처럼 '일단 집에서 가까운' 어린이집을 가야만 했던, 그러니까 선택지가 그리 넓지 않은 사람들도 많기 때문이다. 일상이란, 그런 거다. 자신이 처한 현실에 맞춰 육아의 결을 조절하는 게 대부분이다. 보호자 편의에만 초점을 맞춘 것 같으니 나도 찝찝함을 안다. 하지만 바르지 못한 거라면서 누가 몰아붙이면, 무안하다.

'우리는 다르다!'는 신념이 과하니, 평범한 육아에 대한 혐오는 매우 뾰족했다. 그들은 공동육아를 하지 않은 사람 앞에서, 공동육아를 하는 부모는 다른 부모와는 다르다는 이야기를 이어간다. 무엇이 남다른지, 증거는 없다. 그저 분류되고 수직적으로 구분될 뿐이다. 그저 공동육아를 즐겁게 하면 될 것을, 이 즐거움을 그 반대편에 굳이 못난 포장지를 입히면서 발견한다. 일부의 사례일 거다. 하지만 자신의 돋보임을 위해 한쪽을 괴상하게 만드는 현대 사회의 색깔이 듬뿍 묻은 일부다. 부자 이야기를 하다가 가난한 이들은 한심하다는 폭력적인 설명이 등장하고, 긍정 강조하다 긍정적이지 않은 사람은 입만 삐죽 나온 투덜이라고 무례하게 묘사하는 것처럼 말이다.

  가족의 다양성, 돌봄의 다양성 등의 이야기에서도 이런 투박함이 가끔 발견된다. 자신이 어떤 선택을 해서, 어떤 좋은 일들이 벌어지고 있는지를 말하면 될 일을 보통의 가정을 너무 납작하게 설명하기 바쁘다. 대부분의 가정이 '정상가족의 굴레'에 얽혀 있는 거야 틀린 말은 아니지만 그 층위는 넓고 결은 무수하다. 굴레에 얽혔다고, 다 바보 멍청이로 사는 게 아니다. "가족이니까 별수 없지"라고 말을 한다고 해서, 그게 생각 없이 산다는 걸 뜻하지 않는다. 정상가족의 그물을 벗어나지는 못했지만, 그럼에도 꿈틀거리는 조각들은 많다. 그물에 걸렸다고 다 거기서 거기가 아니다. 이를 한심하다고 재단하는 건 대단히 무례하다. 하지만 한쪽을 찌그러트리면 자신은 돋보인다. 이 방법, 과연 새로운 패러다임을 사회적으로 확장시키는 데 도움이 될까?

정말로 다양성이 도드라지는 것이라면, 과정의 투박함은 과도기로 해석할 수 있다. 하지만 환호만 존재하고 속살은 그대로인 경우도 많다. 기존의 정상가족 시스템이 여성을 짓누르고 있음을 이야기하면서 여성이 스스로 주체성을 인식하고 나아가는 걸 언급할 때다. 이때, '역시나 여성들은 남자와는 다르다'는 추임새가 빠지지 않는다. 경력 단절 극복을 위한 행사에 가보면 쉽게 보인다. 경력이 단절된 안타까움이 성토되는 것까지는 무난한데, 그 해법이라고 제시되는 내용 안에는 '엄마 근성', '엄마다움', '엄마라면' 등의 단어가 무수하다. 성차별의 결과로 모인 사람들이, 성별 차이는 어쩔 수 없다는 결론에 박수를 친다. 여성을 절벽으로 몰았던 관성은 전혀 방향을 틀지 않았는데, '새로움'이라는 단어만이 넘실댄다. 분위기가 좋다 보니, 다정함이나 친밀함처럼 여성과 어울려 보이는 말들이 쉽사리 결합된다. 결국 여성은, 여성성 안에서만 심기일전한다.

스스로의 행보에 고취되면 긍정의 힘이 지나치게 커져, 자신의 현재가 어떤 경우에도 긍정의 상태여야 한다는 강박에 시달린다. 이들은 나의 성차별 이야기에 발끈한다. 내가 여전히 가사 노동은 불평등하고 그래서 경력 단절은 특정 성별에게 일방적이고, 그러니 임금 격차가 발생하고 이로 인해 자연스레 또 돌봄 노동의 과부하가 누군가에게 더 과중됨을 각종 통계를 바탕으로 전개해도 이를 부정한다. 왜냐하면, 본인들은 매우 화기애애하기 때문이다. 그래서 집안에 어떤 가부장적 요소도 없다고 확신한다.

하지만 이들의 말에는 항상 '40년 전 아버지'가 등장한다. 아버지가 보였던 모습에 비하면 전혀 성차별적이지 않다는 것이다. 상대적으로 덜 차별하는 걸, 차별이 사라진 걸로 여긴다. 곳곳에 "요즘 세대는 과거와는 다르다. 평등하다!"면서 화를 내는 이들이 있는 이유다. 나는 성별 차별을 나타내는 여러 통계를 제시하며 아직은 평등하다고 말하긴 이르지 않냐고 하지만, 그때마다 그건 그 사람 개인의 문제이지 성별 구분해서 볼 문제가 아니라는 답이 돌아온다. 그 답, 30년 전에도 있었다.

예전 세대는 투박하게 일하는 남자와 정성스레 내조하는 여자가 가정을 건사하는 식이었다. 그러면 무탈하니, 그게 곧 행복이라 여겼다. 사랑이 넘치는 불평등한 가정*이었다. 지금은 어떠한가. 사랑이 넘치는 '과거보다 덜 불평등한' 가정 아닌가. 다정함과 친밀함이 틀렸다는 게 아니다. 그것만 부각되면 정상가족 앞에 붙은 '정상'이란 수식어를 깰 힘이 생길까? 새로움을 존경한다. 하지만 새롭다는 말만으로 새로움이 보장되진 않는다. 때론 그 새로움이 기존의 패러다임을 정교하게 살펴보는 걸 방해하기도 한다. 결국, '가족인데 어찌겠어'라는 말만 여전히 부유할 것이다. 조금만, 차분해지자.

---

* 나는 《하나도 괜찮지 않습니다》에서 나와 가족의 관계에 가부장제의 유산이 여전히 있음을 "사랑이 넘치는 불평등한 우리 집"(79쪽)이라는 표현으로 설명했다.

멋진 신세계는, 없다

 2025년 2월 5일, 트럼프 대통령은 젊은 여성들을 옆에 세워두고 '여성 스포츠에 남성 참가 금지'(Keeping Men Out of Women's Sport) 행정 명령을 내렸다. 성전환자의 여성 경기 출전을 허용한 학교에는 모든 연방 지원을 끊겠다면서 트럼프는 말했다. "남성들이 여성 선수들을 때리고 폭행하는 것을 가만히 지켜보지 않겠다."
 비슷한 말을 곳곳에서 만난다. 그런 사람이 누구냐고 물으면, 열에 아홉 2024년 파리 올림픽 여성 복싱 66kg급 금메달리스트인 알제리의 복서 이만 칼리프(Imane Khelif)를 자신만만하게 말한다. 칼리프가 상대를 46초 만에 기권시켰을 때, 모든 언론이 칼리프를 '여성을 폭행한 남성' 괴물로 묘사했으니 어찌 모르겠는가. 그런데, 칼리프는 성전환 수술을 받은 적이 없다.

칼리프는 성별 다양성이라는 말조차도 낯선 보수적인 나라에서, 태어나는 순간부터 여성으로 인정받았고 스스로도 그렇게 여기며 살았다. 여자라면 예뻐야 한다는 문화적 고정 관념에 맞춰 치마 입고 꽃무늬 머리핀을 꽂았다. 아버지는 '여자가 무슨 복싱이냐'면서 딸의 꿈을 반대했다. 칼리프는 편견에 맞서 열심히 노력했다. 2020년 올림픽을 거쳐 2024년엔 정상에 오른다. 그리고 말한다. "나는 여성으로 태어나 여성으로 살았다."*

칼리프는 자신의 성별을 부정한 적이 없다. 성별은 남성과 여성 두 가지뿐이라고 믿는 이들이라면 환영해야 함이 마땅하다. 하지만 '저 인간은 절대 여자가 아닐 거야'라면서 더 수군대지 않았는가. IOC(국제올림픽위원회)가 인정하지 않는 모든 소문까지 취합하면 칼리프는 DSD(Disorders of Sex Development), 즉 호르몬 문제로 인한 성 발달 이상 상태로 추정된다. 그래서 남자에게나 있을 고환이 내부에 있고 여자에게는 있어야 할 자궁은 없다는 등의 이야기가 사실이라고 치자. 이걸 물고 늘

---

* "'성별 논란' 뚫고 금메달 거머쥔 칼리프 "나는 여자, 앞으로 나처럼 비난받는 이 없길"", 〈조선일보〉, 2024. 8. 10.

어져 '봐라, 남자 맞잖아!'라고 하는 이들이 많은데, 그게 칼리프 잘못인가?

칼리프만이 아니다. 2024년 파리 올림픽 여성 복싱 57kg급 금메달리스트인 대만의 복서 린유팅(林郁婷)에게도 같은 논란이 있었지만, 역시 출생부터 여성이었다. 이런 논쟁으로 세상에서 가장 유명한 2012년(런던), 2016년(리우데자네이루) 올림픽 육상 여성 800m 금메달리스트인 남아프리카공화국의 육상 선수 캐스터 세메냐(Caster Semenya)도 '비겁하게' 경쟁하지 않았다. 태어날 때부터 두 개 중 하나의 성별을 부여받았고, 최선을 다해서 살았다. 이들 부모 누구도, 우리 아이가 테스토스테론 수치가 높은 여성으로 태어나 유리한 경쟁을 하게 해달라고 기도하지 않았다.

하지만 어떤 사람은 '한눈에 보아도 여자와 다르게 생겼다는 이유로' 호르몬 검사를 지겹도록 받는다. 이들은 테스토스테론 수치를 억제하고자 다른 약물을 억지로 복용한다. 그 부작용이 고스란히 경기력에 반영되는데, 그건 공정한가? 검사할 필요가 전혀 없는 외모를 지닌 이들이 무슨 노력을 해서 그렇게 태어나지는 않았을 거다. 마찬가지다. 그들도 태어난 대로 살았을 뿐이다.

성별이 딱 두 개뿐이라고 믿는 이들은, 진보주의자들이 세상을 망치고 있다고 한다. 망친 게 아니고, 세상을 고쳤다. 여자답게 안 생겼다는 이유로 여자를 놀리는 이들이 조금이라도 줄었으니 달리기도 하고 복싱도 한 거다. 사람 모습에 정상, 비정상이 어딨냐고 누군가가 따졌기에 누군가는 하고 싶은 걸 열심히 할 수 있었다.

트럼프의 행정 명령은 트랜스젠더에 관한 내용인데, 왜 트랜스젠더가 아닌 사람의 이야기를 하냐는 사람도 있을 거다. 행정 명령 당시 트럼프 옆에는 배구선수였다가 트랜스젠더의 경기 출전을 반대하는 활동가가 된 여성이 있었다. 트랜스젠더 여성이라고 알려진 선수의 스파이크에 얼굴을 맞은 후 부상을 입어서 은퇴했다고 알려진 사람이었다. 그녀는 칼리프 논쟁을 접했을 때 역겹다, 혐오스럽다고 서슴없이 표현했다.[*]
어떤가? 구분되는가? 성전환 수술을 한 트랜스젠더 여성의 경기 참여를 반대하면서, 칼리프나 세메냐는 다른 경우이기에 문제 없다고 말하는 사람을 여태 본 적이 없다. 대부분이, 조금이라도 여성답지 않은 사람이 등장할 때마다 험한 말을 숨기지 않았다.

---

[*] ""XY염색체 복서 역겹다" 성전환 선수 던진 공에 신체 마비된 배구선수의 직격", 〈파이낸셜뉴스〉, 2024. 8. 4.

러네이 리처드(Renée Richards)가 성전환 수술 후 여성 테니스 선수로 메이저 대회에 출전한 게 1977년이다. 유전자 검사를 하라는 테니스협회의 강압과 선수들의 보이콧 속에서도 리처드는 '의학적으로 여성이면 여성이라는' 대법원 승소 판결을 이끌어냈다. 당시 여성 테니스 슈퍼스타이자, 성별에 따른 상금 차이를 비판하며 여자테니스협회(WTA) 설립에 결정적인 역할을 한 빌리 진 킹(Billie Jean King)이 리처드의 권리를 적극적으로 지지했다. 그녀는 1981년에 여성 운동선수 최초로 자신이 동성애자임을 공개적으로 밝히고 (주변 동료에게 알린 경우는 많음) 성소수자 인권 운동에 앞장섰다. 이런 손길 덕택에 리처드는 열심히 살았다. 선수로도 코치로도 명성을 떨쳤다. 은퇴 후에는 원래 직업인 안과 의사로서 2010년대까지 활동했다. 이건, 좋은 모습 아닌가?

스포츠계도 조금씩 방향을 틀었다. 완벽하지는 않다. 테스토스테론 수치를 일정 기간 이상 얼마 이하로 유지해야 한다는 기준은 학계에서 논란이 많다. 여성의 평균치라는 게 있을 뿐이지, 수치는 제각기이기 때문이다. 어떤 종목에선 트랜스젠더 여성에게 요구하는 기준이 평균보다 더 낮은 경우도 있다. 이 기준에 맞추려다 몸이 상한다. 서류 제출하느라 수개월간 훈련에도 몰두하지 못한다. 과연 공정한가?

그럼에도 어떻게든 기준을 맞추고 참여하는데, 참여하면 또 수군거린다. 2020년 도쿄 올림픽에 최초의 트랜스젠더인 뉴질랜드 역도 선수 로렐 허버드(Laurel Hubbard)가 온갖 호르몬 기준을 준수하고 참여하자, 언론은 동료 선수의 '트랜스젠더를 지지하지만 시합 참여는 다른 문제다' 등의 모호한 발언들을 전했다.* 허버드는 늘 신기하면서도 위험한 인물이었다.

논란은 이어질 것이다. 마주하고, 변화의 물결을 차단하지 않는 좋은 답을 찾으면 된다. 2023년 6월, 강원도민체전 사이클 종목에서 '여성으로의 의료적 조치'를 끝낸 나화린 선수가 국내 첫 트랜스젠더 출전의 이정표를 세웠다. 두 종목에서 우승했는데, 나화린 선수는 남자일 때도 같은 대회 4관왕이었다. 원래 잘하던 것을 성전환 수술 후에도 계속 잘하고 있을 뿐이다. 그게 좋은 사회 아닌가? 본인은 논란을 의식해, 차라리 트랜스젠더 별도 경기가 필요하지 않겠냐는 입장을 밝히기도 했다.** 이런 걸 토론하면 된다. 어떤 방식이어야 하는지를 끊임없이 물으면 된다. '안 된다'가 아니라.

성전환 수술의 시기도 논쟁 중이다. 2차 성징이 발현하기 전

---

* "도쿄 올림픽 나서는 성전환 역도선수, 경쟁자들 "불공정"", 〈국민일보〉, 2021. 6. 2.
** "국내 첫 트랜스젠더 선수 출전. '이슈와 논란' 두 바퀴로 힘껏 달린다", 〈한겨레〉, 2023. 6. 2.

에 수술을 하면 시합 참여가 가능하다는 규정이 등장하자, 사실상 참여를 금지하는 조치라는 항의가 빗발쳤다. 대부분이 왜 성인이 되어 스스로 돈을 번 다음에야 수술을 했겠는가. 질풍노도의 시기에 정체성 혼란의 종지부를 찍는 게 어려워서이기도 하지만, 청소년 때 부모의 도움으로 성전환 수술을 한다? 복합적으로 가능하지 않다.

수술 여부 자체도 토론 중이다. 성전환 수술을 하지 않은 남자가 여자부 시합에 참여하는 건 쉽게 상상할 수 없기에, 왜 이게 토론거리인지 의아할 수 있다. 하지만 성별 구분이 명확히 되지 않는 선천적 간성(intersex) 상태와 연결해보자. 그리스 신화에도 묘사되었고, 조선시대 사방지(舍方知)라는 인물에 대한 기록에서 알 수 있듯이 이런 소수자는 늘 태어났다. 과거에는 감추고 살았고 현대 사회에서는 한쪽의 성별을 강제로 선택하고 수술을 하는 경우가 대부분이다.

하지만 본인을 남자와 여자의 정체성 중 하나로 규정할 수 없다면서 용기를 내는 이들이 있다. 부모 판단만으로는 수술을 결정할 수 없다는 나라도 있다. 2017년, 벨기에의 슈퍼모델 개비 오딜(Gaby Odiele)은 자신이 간성으로 태어났는데 어린 시절에 본인 동의 없이 내부 고환 제거, 여성 생식기 재건 등 여러 '불필요한' 수술을 받았다고 밝혔다.* 평생 호르몬 대체요법을 받는 고통도 뒤따른다. 그러면 여자가 될 수 있으니 기뻤다는 게 아니라, 그렇게 여자가 되는 게 과연 기쁜지를 오딜은 세상에 물었던 거다. 성별이 남자와 여자뿐인 사회에선, 누군가는 보편적인 성별 중 하나로 인정받기 위해 인조인간이 되어야 한다. 불공정하지 않은가?

교황 선출의 긴장감을 표현한 영화 〈콘클라베〉도 이 문제를 짚으며 종교의 시대정신이 무엇인지를 묻는다. 온갖 권모술수가 난무하는 가운데 겨우겨우 '제대로 된 인물이라고 여겼던' 이가 교황으로 선출되었는데, 그가 간성이었다. 겉으로는 남자이나, 내부에 자궁과 난소가 있었던 그는 척출을 계획했다가 마음을 돌린다. 이유를 이렇게 말한다. "나는 신이 주신 몸 그대로다(I am what God made me)."

인간에게 표준은 없다. 남자와 여자가 있고, 그 사이가 있다. 남자인데 남자임을 쉽게 받아들이는 사람이 있고 그렇지 않은 사람이 있다. 정상과 비정상이 아니다. 고 변희수 하사가 같은 질문을 던지지 않았던가. 남자로 태어나 군인이 되고 싶었던

---

* "Model Hanne Gaby Odiele reveals she is intersex to 'break taboo'", 〈BBC〉, 2017. 1. 24.

사람이 군인이 되었다. 하지만 성 정체성의 혼란에 힘들어하다가 수술 후 여자가 되었다. 그리고 계속 군인이고 싶었다. 대단한 요구였는가? 하지만 사회의 대답은 성기 훼손이라는 황당한 이유로 강제 전역을 시킬 정도로 무례했다.

트럼프는 행정 명령의 의미를 묻자 "여성은 특정 상황에서 아이를 가질 수 있는 사람"이라고 대답한다. 노력해도 아이를 가질 수 없는 여자는, 그럼 여자가 아닌가? 불임 확률이 17%인 여성과 55%인 여성 중 누가 진짜 여성일까? 남자도 같은 이치로 따져서 무정자증 남자는 올림픽 출전을 금지시킨다면 젠장, 그게 무슨 세상인가. 앞으로 운동 시합은 호르몬 수치별로 겨루는 게 공정해 보이는데, 받아들일 수 있겠는가. 표준화된 인간 96명이 한 번에 '부화'하는 올더스 헉슬리의《멋진 신세계》가 스쳐가는 게 나만이 아니었으면 한다. 참고로 2020년 도쿄 올림픽부터 '더 빨리, 더 높이, 더 힘차게'라는 올림픽 정신에 하나가 더 추가되었다. 바로 '다 함께'다.

2부

살아갈 권리를 조롱하는 말들

"자유롭다는 것은 단순히
자신의 사슬을 끊는 것만이 아니라,
다른 사람들의 자유를 존중하고
향상시키는 방식으로 사는 것이다."

—**넬슨 만델라**

그 장애인은
왜 그리 친절했나

2016년 출간한 《대통령을 꿈꾸던 아이들은 어디로 갔을까》(위즈덤하우스)는 공무원 시험을 준비하는 이들의 입을 통해 한국 사회가 얼마나 불평등한지 드러낸 책이다. 그해, 국가직 9급 공무원 시험의 경쟁률이 53.8대 1이었다. 지원한 22만 1,853명 중 21만 7,733명이 떨어지는 시험이었다.* 합격증을 받지 못한 이들 중 과연 몇 퍼센트나 목표한 바를 이룰 수 있을까나. 말 그대로 바늘구멍인 시험, 그런데 그 좁디좁은 구멍치고는 소득이 높다고도 할 수 없는 직업에 너무 많은 사람

---

* 2024년도에는 4,749명 선발에 103,597명이 지원해 경쟁률은 21.8대 1이었다. 많이 줄었지만 여전히 만만치 않은 숫자다.

2부 살아갈 권리를 조롱하는 말들

들이 몰린다. 보장된 것은 정년과 노후 연금인데, 그게 큰 이점이라면 도대체 한국 사회의 다른 직업들은 어떠하단 말인가? 그러니 어찌 궁금하지 아니한가.

노량진에서 6개월간 취재하며 수십 명과 인터뷰를 했다. 지금은 폐업한 뷔페식 식당 '고구려'에서 밥도 함께 먹어가며 묻고 또 묻고 했다. 그 누구도! '공직에 대한 열의' 때문에 노량진에 왔다고 하지 않았다. 어릴 때조차 장난으로도 생각해본 적 없었다고 했다. 저마다 이 길을 선택할 수밖에 없는 이유들은 참으로 안쓰러웠다. 압축하자면, 한국의 경쟁은 너무나 치열했고 조금의 자비도 없었다. 대다수가 차별에 상처받은 사람들이었다. 대기업에 응시할 스펙을 갖추는 것이 경제적으로 어려워서, 학력이 발목을 잡아서, 중소기업에서 열심히 해보려고 했지만 쉽지 않아서, 경력 단절 후 구할 수 있는 모든 직업이 다 비정규직이라서 등등의 개인 서사가 계속 등장했다. 이 내용, 절대 유쾌하지 않았다. 그들이 안쓰러웠고, 그들이 살고 있는 이 각자도생의 사회가 미웠다. 심지어 대기업을 퇴사한 이들도 꽤 있었다. 월급은 많았지만, 사람답게 살고 싶다고 했다.

집필이 다 끝나갈 즈음에 장애인 홍길동 씨를 소개받았다. 대기업에서 4년간 근무하다가 퇴직하고 시험을 준비 중이라고 했다. 지금까지 만난 모든 이들이 한국 사회가 얼마나 엉망인지 생생하게 설명한 것처럼 당연히 홍길동 씨도 대기업에서 장애인 노동자가 겪는 차별을 적나라하게 말하지 않겠는가. 그래서 바로 인터뷰를 진행하지 않았다. 대기업 파트도, 장애인 파트도 이미 충분히 다뤄서 비슷한 내용이 반복될 필요가 없다고 판단했기에 초고를 끝내고야 만났다. 퇴고하면서 약간의 살을 보탤 소스라도 있나 확인하는 차원에서 말이다. 하지만 그런 수준이 아니었다. 2주만 일찍 만났다면, 나는 출간을 미루고서라도 홍길동 씨를 독립된 챕터로 다뤘을 정도로 놀라운 이야기를 들었다. 그만큼 중요했지만, 당시에는 심신이 너무 지쳤고 출판사와의 약속도 중요했기에 욕심을 부릴 수 없었다. 아쉬움을 여기에 꾹꾹 눌러서 적는다.

홍길동 씨의 삶은 내가 수집한 다른 내용들과 많이 달랐다. 책에는 암울한 내용이 넘쳐났는데, 그의 삶은 별로 암울하지 않았다. 공부 잘한다는 칭찬을 항상 받았으며 교우 관계도 긍정적이었다. 특히 회사 생활은 아무런 문제가 없었다. 그저 무탈했다는 수준이 아니다. 내가 아는 직장인들 중 회사로부터 가장 사랑받는 사람이었다. 홍길동 씨는 동료로부터 인기가 만점이었는데, 가장 함께 일하고 싶은 '올해의 동료상' 같은 감사패가 집에 수두룩했다. 퇴사할 때 받은 롤링페이퍼의 크기는 신문지를 몇 장이나 이어놓은 수준이었고, 적혀 있는 글귀들은 너무나 다정했다. 단언컨대, 어떤 직장인도 이런 환대를 받으며 살지 못했을 거다.

그러면 의문이 들 수밖에 없다. 직장을 그만두고 노량진에서 공부하는 사람들 거의 전부가, 한국의 조직 문화에 대한 회의감이 엄청났는데 홍길동 씨에게서는 회사를 그만둘 이유를 쉽게 찾지 못했다. 대기업을 그만두고 월급이 3분의 1 토막이 나는 9급 공무원을 준비하는 게 이해가 되지 않았다. 내가 주절거리자, 피식 웃으며 그가 말한다. "인간관계를 좋게 맺지 않으면요? 저는 항상 좋은 사람이어야 해요. 늘 착한 동료여야만 하죠."

입사 때부터 그는 착해야 했다. 홍길동 씨는 시시때때로 "이번에 특별히 채용된"이라는 수식어로 소개되었다. 우리 회사는 배려가 대단하다고 말해야만 하는 공개 석상에 강제로 참여해야만 했다. 홍보 영상에서는 유니폼을 입고 노래를 부르던 직원들이 모세의 기적처럼 갈라지면 그 사이를 홍길동 씨가 휠체어를 타고 등장해 차별이 없는 회사라면서 웃었다. 신입사원 연수 때마다 장애인도 충분히 배려받는 곳이니 능력을 맘껏 발휘하라는 강연을 하는 건 의무였다. 스스로가 '나는 배려받고 있어요!'라고 뱉어야만 하는 게 약간 이상했지만, 분위기가 그래서 별수 없었다. 결국, 그게 부메랑이 되어 홍길동 씨를 억누른다.

배려받는 '장애인'은 달라야 했다. 하지 말아야 할 업무도 쉽게 거절하지 못했다. 단호하게 끊어야 하는 부탁을 끊지 못했다. 잘못이 상대에게 있는 분명한 상황에서도, 책임을 묻지 못했다. 조금만 강하게 반응해도 사람들은 수군거렸다. 특별히 배려받아 회사 다니면서 왜 저러냐고. 다른 사람은 몰라도 홍길동 씨는 저러면 안 되는 거 아니냐고.

이들은 장애인과 비장애인을 너무나 다르게 대했다. 비장애인이 비슷한 행동을 하면 그저 '저 사람 되게 까칠하네'가 전부였다. 좀 심하면, '자기밖에 모르네' 정도의 추임새가 이어졌다. 하지만 장애인에게는 가혹했다. 회사 익명 게시판에는 '운 좋게 회사 다니면서 은혜도 모르네', '솔직히 예전 같았으면 저 자리 티오가 장애인에게 나겠느냐' 등의 분위기가 자욱했다. 장애인 채용 자체가 특혜라는 주장까지 이어졌다. 그러니 홍길동 씨는 신중했다. 자신의 행동 하나가 장애인에 대한 비장애인의 편견을 강화하는 연료가 되는 걸 잘 아니 말이다. 늘 친절했고, 다정했다. 그러지 않아서 벌어질 일이 두려워서.

그 배려, 사실 배려가 아니다. 비장애인들 득실거리는 곳에 장애인이 있으면 그게 배려인가? 하지만 배려라고 생각하고 감사해야 한다. 휠체어 다닐 수 있도록 회사 내의 문턱들이 제거되면 그게 배려인가? 하지만 배려라고 생각하고 감사해야 한다. 고마워할 줄 안다는 신호를 미리미리 보내야만 한다. 이런 감정노동에 지칠 대로 지친 어느 날, 그는 가슴이 찢어지는 경험을 하고 퇴사를 결심한다. 물론, 그날도 분위기는 훈훈했다. 회사가 장애인용 화장실을 새롭게 만들었는데, 이를 축하하는 자리에 환한 웃음으로 참석해 홍보 책자에 실릴 사진도 찍었으니 말이다. 그날 홍길동 씨의 일기 한 구절은 이렇다. "어떤 비장애인도 회사에 화장실 있다고 감사하지 않는다. 그건 당연한 거니까. 하지만 난 아니다."

홍길동 씨는 노련하게 살아남는 데 지쳤다. 나아가 자신의 밝은 표정이 비장애인의 장애인 혐오로 이어지는 것도 미안해했다. 동료들은 장애인들이 이동권 시위를 격하게 하는 걸 보면서 '홍길동 씨처럼 착하면 주변에서 다 잘해주는데 저 사람들은 왜 저렇게 거칠기만 하냐'면서 투덜거리곤 했다. 그러니, 또 착해져야만 했다. 그게 싫어 홍길동 씨는 퇴사했다. 잘못을 마주하면 남들처럼 화내고 싶어서. 잘못을 하면 남들만큼만 욕먹고 싶어서.

자유는, '없는 자'만이 느낀다

전국을 돌아다니며 강연을 하기에 고속(시외) 버스를 자주 이용한다. 부산 사상 터미널로 이동해 경남 어디론가로 떠나기도 하고 광주 유스퀘어로 가서 전남 구석구석으로 이동하기도 한다. 기차가 갈 수 없는 곳까지 버스는 방방곡곡 종횡무진이다. 덕분에 나는 먹고산다. 어디든지 이동하는 게 너무나 당연한 기본 값이어서. 그런데 놀라운 사실이 있다. 나는 휠체어를 이용하여 고속버스를 탄 장애인을 단 한 번도 본 적이 없다. 지난 10년간 천 번은 고속버스를 탄 것 같은데, 휠체어가 버스의 앞문을 오르는 것을 본 적이 없다. 버스는 돈만 내면 남녀노소 불문 누구나 탈 수 있지 아니한가. 성, 인종, 종교, 계층, 외모에 따른 차별도 없는데 말이다.

평등함이 넘실거리는 대중교통이지만, 누군가에는 아무리 돈을 내겠다고 한들 거대한 벽일 뿐이다. 자신의 다리를 이용할 수 있는 자와, 바퀴에 의지해야 하는 자의 기본 값은 그 차이가 어마어마하다. 휠체어 이용자가 탑승 가능한 고속(시외)버스는 전국에 사실상 없다. 몇 해 전 장애인들이 악착같이 따지며 소송 걸고 해서 휠체어 한 대 정도가 탈 수 있는 버스가 10대 정도 생긴 적이 있었다. 0대에서 10대니 어마어마한 증가처럼 보였겠지만 비장애인이 수천 대의 버스 중 열 대만, 그것도 한 자리에만 앉을 수 있다고 생각해보면 얼마나 우스운 건지 알 수 있는 숫자다. 그런데 그것도 탑승률이 낮다면서 운영을 중지했다.

장애인의 이동을 괜히 전투라 하겠는가. 지하철 탑승을 위해 지하로 안전하게 내려가는 엘리베이터도, 짐짝처럼 '리프트'로 이동하다가 떨어져 사망한 사람이 몇이나 되어서야 그나마 지금 수준으로 설치되었다. 모 정치인은 서울시 지하철역 엘리베이터 설치율이 높아 장애인 이동권이 거의 보장되었다면서* 장애인들의 이동권 투쟁을 반문명적 시위라고 했지

---

* "이준석이 쏘아 올린 혐오의 정치, 지하철은 사과·연대의 장 됐다", 〈비마이너〉, 2022. 3. 28.

만 그것도 2024년에 이르러서야 100%에 근접했다. 모든 출구마다 있는 것도 아니다. 이조차도 단번에 승강장으로 내려가는 건 거의 없다. 노인들 틈새에 기다렸다가 겨우 한 층 내려가고 이동해서 유모차의 아기와 눈높이를 함께하며 다시 내려간다. 지하철 타기 전까지의 소요 시간이 비장애인의 몇 배다. 이게 어찌 차별이 아닌가. 지하철역을 향해 가면서 여기에 엘리베이터가 있을까라는 걱정이 그나마 사라진 게 1년 남짓이고, 이 출구에 엘리베이터가 있는지를 여전히 고민하는 게 현실인데 말이다.

출근 시간대, 진입하는 지하철을 보라. 휠체어가 들어갈 공간은 없다. 들어가는 것만으로 주변 사람에게 미안하다. 어떤 비장애인도 출근하다가 마주친 옆 사람에게서 느낄 수 없는 감정이다. "이번 역은 열차와 승강장 사이가 넓으니 주의"하라는 방송이 나오면 대부분이 아래로 한 번 슬쩍 보는 게 유일한 수고지만 휠체어를 이용하면 다르다. 바퀴가 걸릴 걱정에 초조해진다. 빠질지도 모른다는 상상에 두려워진다. 단지 열차에서 '내리는 것'만으로도 긴장한다. 사람 사는 거, 결코 다 같지 않다. 이동이 제한되면 사람은 위축된다. 나오기가 두렵기에 학습 의지가 사라지고 이는 고스란히 개인의 역량을 결정한다. 이동권의 차이는 그 자체가 기회, 과정, 결과의 불평등으로 반드시 이어진다. 장애가 있다고 불평등한 게 아니다. 장애인이 '이동을 비장애인처럼 하지 못하는' 차별을 받기에 점점 불평등해지는 거다.

이 결과를, 결과 이전에 존재하는 엄청난 차별을 쏙 빼버리고 멋대로 판단하면 나쁜 고정 관념이 된다. 위축된 그들이 쉽게 나오지 못해서 탑승률이 저조한데 이를 이해하지 않으면 '어차피 이용도 안 하잖아'라는 편견이 먼저 개입한다. 의기소침은 잘못된 사회의 결과이지만, 누구는 그걸 원인으로 이해하고 '왜 열심히 살려고도 하지 않냐'면서 빈정거린다. 그러니 불평등을 조금이나마 줄이는 일련의 정책들, 이를테면 장애인 특별전형이나 장애인 의무고용 등의 해법은 왜 능력도 없는 사람에게 자리를 주냐, 나는 노력해서 여기까지 왔는데 이건 공정하지 않다 등등의 말들과 겹쳐지며 순항하지 못한다. 이때의 '나'는 평생 이동에 대한 고민을 한 번도 하지 않았을 거지만 당연하게 주어진 기본 값은 특별하게 떠올려지지 않는다. 비장애인의 자연스러운 일상이 장애인을 배제한 설계로부터 시작되었음은 망각된다. 지하철 정시 도착에는 출근 시간에 휠체어 이용자가 단 한 명도 탑승하지 않는다는 전제가 필요하고 실제 일상은 그런 당당한 차별을 연료로 돌아가지만, 문제 삼는 사람은 없다.

이러하니 이동권 시위는 멈춰지지 않는다. '버스업체는 장애인의 이동을 가능하게 하라'는 판결이 나왔지만 수년이 지나도 변화는 요원하다. 기만적인 조치도 많았다. '휠체어가 올라갈 수 있도록' 하라는 권고에 회사가 가능한 보조 도구를 배치한 적이 있었다. 그런데 그것만 있었다. 버스 '안'은 그대로였다. 좌석을 개조하여 공간을 확보하지 않았다. 늘 이런 식이었다. 심지어 "원고들이 향후 탑승할 구체적·현실적 개연성이 있는 노선으로 한정하여, 휠체어 탑승 설비를 단계적으로 설치하라"는 대법원 판결도 있었다(2022년 3월). 슬프다. 장애인들이 한곳에 모여 사는 것도 아닌데 향후 탑승할 노선을 어떻게 한정한단 말인가? 어떤 비장애인이 소송을 하고 이긴 다음에야 버스를 탈 권리를 얻었단 말인가?

변화의 '느림'과 비례하여 장애인의 항의도 거칠어진다. 이 반응을 제대로 해석하고 사회적으로 옳은 방향으로 확장하는 게 정치다. 한국 사회는 어떠한가. 정치인이 장애인을 조롱하니 경찰은 "지구 끝까지 찾아가 사법처리하겠다"면서 장애인을 겁박한다.* 법과 원칙 운운하며 손해 배상을 청구하겠다는 이야기도 끼어든다. 공적 신호가 이러하면 평범한 커뮤니

---

* "'전장연, 지구 끝까지 찾아가 사법처리 하겠다'는 서울경찰청장", 〈한겨레〉, 2022. 6. 20.

티에서도 불쑥불쑥 혐오 표현이 등장한다. 언론은 이걸 또 여론이랍시고 받아들여, 논쟁을 촘촘하게 따져 묻는 본래의 역할은 포기한 채 논란만을 자극적으로 보도한다. 그러니 시위가 멈춰질 수가 없는데, 이거야말로 그들이 원했던 결과다. 시위로 인한 불편함이 지속될수록, 시위에 피로감을 느끼는 사람은 늘어날 수밖에 없다. 이 집단적 피로감이야말로 '차별을 전제로 설계된 원래의 시스템'이 간절히 원했던 반응 아니겠는가. 사람들은 이제 슬쩍슬쩍을 넘어 과감하게 말을 뱉을 거다. 다른 방법을 찾아야 한다고, 친절하지 않으면 외면받는다고, 더 세련된 고민이 필요하다고 등등. 설마 그렇게 안 했겠는가.

자유는, '없는 자'만이 느낀다. 비장애인 누구도 '나는 지하철을 탈 자유를 누렸어'라고 감탄하지 않는다. 주어진 것을 당연하게 누릴 뿐이다. 집회와 시위를 할 자유를 헌법이 보장하는 건 그게 자유가 유린된 이들을 발견하는 사회적 장치이기 때문이다. '나도 너처럼 살고 싶다'는 자유를 향한 원초적인 몸부림을 당연히 모두가 환영해야 함이 마땅하다. 하지만 그들은 시끄럽다, 타인에게 피해를 준다, 떼만 쓰면 다 되는 줄 안다 등등의 수식어를 덕지덕지 붙이고 살아간다. 밑도 끝도 없이 자유라는 말만 뱉으며, 실제 그 자유의 결핍을 상징하는 불평등에 대해선 둔감한 이들이 많은 세상의 민낯 아니겠는가.

인권 교육은
'착하게 살자'가 아니다*

"대한민국, 민주주의 국가 아닌가요?"

강의가 끝나자마자 누군가가 발언권을 얻지도 않고 묻는다. 질문 자체가 이상하진 않다. 일반적으로 저 물음은 부당한 상황에 대한 항의, 분노, 저항, 연대의 순간과 겹쳐진다. 민주주의 사회에서 왜 이런 일이 벌어지냐는 한탄으로 말이다. 사람을 괴롭히는 권력을 집요하게 추적하고, 드러내고, 개선을 강하게 요구하는 출발점과도 같은 질문이다. 존엄성을 위협받는 누구나 민주주의를 찾을 거다. 그런데, 그런 느낌이 아니었다.

---

* 이 글은 '민주화운동기념사업회'의 저작 지원을 받아 〈민주화운동기념관〉(남영동 대공분실)의 민주주의 에세이 프로젝트로 작성되었다.

너무 싸늘했다.

그는 내 발언을 문제 삼는다. 자본 권력, 기업 횡포, 국가 폭력 등등의 표현이 지나치게 편향적이라는 거다. 그리고 따진다. 자본주의는 원래 그런 거다, 기업은 자선 단체가 아니다, 공권력에 대항하니 진압이 이루어진 것 아니냐면서. 나는 최대한 친절히, 그런 확신에 균열을 일으켜야지만 누군가가 보이지 않겠냐고 설득한다. 그 순간, 민주주의가 다시 등장한다. "왜 민주주의 국가에서 타인의 의견을 무시하냐"는 빈정거림으로.

나는 대학에서 강의하면서 단어의 공허함이 커져가는 순간들을 계속 마주하는 것에 지쳐갔다. 단어는 세상에 등장한 이유가 있고, 그 맥락에 맞춰 현실에서 바르게 대입되어야 한다. 그러한가?

'공정'이란 말이 어느 날부터 방향을 바꿔서 사용되기 시작했다. 공정은, 어감부터가 단호하다. 사람을 무시하고 깔보는 세상에서 약자들을 지켜주는 방패다. 역사에선 그랬다. 사람들이 공정이란 말을 많이 할수록 그 사회는 조금이라도 살 만한 세상으로 변해갔다. 지금은 아니다. 차별로부터 사람을 보호하는 단어가 '차별하는 것이 공정이다'라는 문장으로 소비된다. 차별을 옹호하는 이들은 불평등의 이유를 개인의 노력에 따른 공정한 결과라고 설명한다. 비정규직이 정규직이 되면 정규직을 준비하는 나는 무엇이냐면서 이는 공정하지 않은 것이라 한다. 공정이 앞에 있고 우롱과 조롱이 뒤를 따랐다. 능력주의가 과잉될 때, 민주주의가 어떻게 파괴되는지를 짚어보자는 내 말에 한 학생의 평은 이랬다. "능력주의가 민주주의 아닌가요? 그게 공정한 세상이죠."

'자유' 또한 말할 것도 없다. 장애인 권리 지켜준다고 비장애인이 힘들단다. 동성애자의 존엄성을 인정하면 이성애자가 불편하단다. 임대 아파트 때문에 자기 집값 오르지 않으면 책임질 거냐고 화를 낸다. 그러면서 싫어할 자유, 혐오할 자유도 있는 거 아니냐고 한다. 자유가 멋대로 사용되면, 이토록 빈약한 단어가 된다. 이와 관련된 사례를 찾는 과제를 냈는데 엉망으로 한 학생이 있어서 따끔한 코멘트를 했다. 그 학생은 학교 게시판에 "강사의 의견에 반대할 자유를 침해당했다"는 글을 남겼다.

'인권'도 뒤틀렸다. 인권은, 어감부터가 진중하다. 그럴 수밖에 없는 게, 이 세상에 인권이란 말은 '짓밟히는 사람들'의 살려달라는 소리로 등장했다. 지렁이도 밟으면 꿈틀하는 건 거대한 무엇으로부터 '밟혔기' 때문이다. 내장이 튀어나오는데 가만있을 생명체는 없다. 사람도 몸과 마음이 찌그러지면 저항한다. 목숨을 건다. 인권이란 키워드가 태생적으로 거친 이유다. 생존 투쟁이어서다. 그러니 인권 교육은 착하게 살자가 아니다. 나쁜 사람들이 얼마나 악독했는지를 짚지 않고선 그다음 이야기를 할 수 없다. 절대 밝은 분위기에서 전개될 수 없다. 숙연해지는 건 당연하다. 이를 싫어하는 이들이 참으로 많다. 긍정적으로 세상을 바라보지 않는다는 이유로. 이 긍정은 이런 거다. 박정희 정권 때 경제가 성장하지 않았느냐, 전두환 정권 때 좋은 점도 많았다 등.

어찌 의욕을 상실하지 않겠는가. 전국을 돌아다니며 강의를 하는 나는 별의별 일들과 마주하는 걸 피할 수 없다. 5·18 광주민주화운동과 6·10 민주항쟁에 왜 '민주'가 들어가는지를 설명하며 이는 국가 폭력의 참혹성을 마주하지 않고는 이해하기 어렵다고 말하는데, 난데없이 '군인도 희생당했다', '운동권들의 만행을 아느냐'면서 으르렁거리는 사람이 비록 소수지만 존재한다는 사실만으로도 전진하고픈 의지가 꺾이기도 한다. 공권력을 향한 폭력이 없었다고 말하는 것도, 그건 문제가 아니라고 말하는 것도 아니다. 그 두 가지를 동일선상에서 평가하는 순간 어느 한쪽은 면죄부를 얻고 민주주의는 푸석해진다. 그 연장선에서, 밟혔기에 꿈틀거렸던 사람들은 폭도로 취급받는다.

누구나 민주주의를 외칠 수 있고, 공정을 들먹일 수 있고, 인권에 예민할 수 있다. 그런데 그 방향이 공동체가 좋아지는 것과 무관하다면? 그 민주주의는 민주주의가 아니다. 그 공정은 차별의 다른 말이다. 그 인권은 비겁한 기계적 중립일 뿐이다. 현대 사회에 이런 오용은 너무 흔하다. 자본주의라는, 능력주의라는, 성별에 따른 차이라는 '원래 그렇다'는 식의 생각이 누군가의 삶을 푹 꺼지게 한다.

이걸 다시 들어 올리는 일이 어찌 잔잔하게 이루어지겠는가. 누군가는 눈에 불을 켜고 일상을 헤집고 다녀야 하고, 들어주지 않으면 들어줄 때까지 시위하겠다는 용기를 지닌 이들이 있어야 하고, 그 사람들을 격려하는 또 다른 사람이 있어야만 가능하다. 이 과정은 때론 시끄럽고 거칠다. 아니, '항상' 시끄럽고 거칠다. 그렇지 않으면, 누군가는 인간답게 살지 못하기에.

"아프간 난민, 한국 오지 마라", 이 칼럼을 기억하시나요?

나는 2021년 8월 23일 자 〈경향신문〉에 칼럼 "아프간 난민, 한국 오지 마라"를 기고했다. 당시 이슬람 무장 단체 탈레반이 아프가니스탄을 점령하면서 난민이 대량으로 발생하는 일이 벌어졌는데, 한국에서는 '난민 받아서는 절대 안 된다'는 여론이 폭력적으로 형성되었다.* 2018년도의 제주 예멘 난민 사태에서 증명된, 무슬림 난민들에 대해서 어떤 혐오를 해도 괜찮다는 사회 분위기의 반복이었다. 사람들의 강건한 반대에는 사회적 준비 부족 등의 구조적 이유가 아니라 그냥

---

* 이후 정부는 '특별 기여자'라는 우회적이고 애매한 표현을 사용하며 한국 대사관이나 기업에서 일했거나 도움을 준 이들과 그 가족들 390명을 현지에서 한국으로 대피시킨다. 작전명은 '미라클'(Miracle)이었다.

저 인종, 저 지역, 저 종교가 싫다는 내용이 다였다. 마치 '외계 생명체로부터 지구를 지키자' 정도로 막무가내였다. 그때, 작성했다.

조국을 떠나 절박한 심정으로 다른 나라의 문을 두드리며 하소연할 아프가니스탄 국민들이여. 아무리 조급해도 대한민국으로는 오지 마세요. 사는 게 먼저이니 다른 건 나중에 생각하고 싶겠지만, 인생 최대의 실수가 될 수 있어요. 동방예의지국, 글로벌 선진국 등의 수식어에 희망의 끈을 걸어둔 것이라면 당장 끊으세요. 한국에서는요, 난민 수용에 인도적인 태도가 필요하다는 논의에 반론이 언제나 이 수준이죠. "너희 집에서 받아주면 되겠네."
당신들은 근본주의자의 피해자이지만, 한국인들은 철조망에 매달리며 필사의 탈출을 하는 장면을 뉴스로 볼 때만 동정해요. 여기로 오겠다는 순간, 당신들은 '어찌 되었든 탈레반하고 종교가 같은 사람들'에 불과하죠. 저들처럼 테러를 저지를 것이고, 저들처럼 여성을 노예처럼 대한다면서 수군거리겠죠. 그런데 핵심은요, 저들처럼 행동하지 않은들 소용없다는 거죠. 한국 헌법에는 종교의 자유가 명시되어 있지만 이슬람은 기본 값이 아니랍니다. 낯섦은 공포로 이어지고 혐오를 정당화하죠. 이슬람의 '이' 자만 들어도 막말을 뱉는 사람 정말 많아요. 난민을 받으면 한국이 이슬람'화'가 된다는 말도 안 되는 주장이 부유하는 곳에서 사람 취급받길 기대하지 마세요. 인간의 존엄성조차 버릴 순 없잖아요.

그럼에도 희망을 품고 한국으로 온다면 유의할 것이 있어요. 먼저, 뗏목을 타고 와야 해요. 20인승 정원 크기의 배에 200명 정도 타고 오다가 100여 명이 바다에 빠져 죽는 게 한국인들이 생각하는 난민의 모습이죠. 예멘 사람들이 제주도에 체류하면서 난민으로 인정받기 원한 적이 있었는데 이들이 스마트폰을 사용하는 게 특종, 단독 보도, 르포라면서 신문에 나올 정도죠. 그러니 한국에 오시면 근처 산에 올라가 봉화로 소식을 전하셔야 해요.

난민 지위를 신청하고 대기하는 기간에는 극단의 금욕주의를 실천하세요. 무조건 참으시고 무조건 입을 다무셔야 해요. 사람이 모이면 발생하게 되는 일상 속 사소한 갈등조차 한국인들은 이슬람 종교의 폭력성이 드러났다면서 여기저기 소문내죠. 돼지고기 안 먹는다고 하면 난민 주제에 별 요구를 다 한다면서 빈정거릴 거예요. 기도도 절대 하지 마세요. 한국에선 이주 노동자들끼리 모여서 연대하기 위해 작은 사원 하나 만드는 것도 어려워요. 도시 미관을 해치는 교회는 우후죽순인데 말이죠. 아! 개종을 하겠다고 하면 일사천리로 일이 풀릴지도 모르겠네요. 여긴 차별을 금지하는 게 차별이라는 망상조차 인정받는 곳이니, 살려면 인간의 기본권은 다 버리고 '뼛속까지' 한국인이 되셔야 해요.

학자들은 삼면이 바다라는 지리적 특성, 그나마 한쪽은 분단으로 막혀버린 정치적 상황, 단일 민족이라는 역사성 등을 언급하며 한국인의 배타성을 분석하는데, 좀 우스워요. 한국인들은요, 공정하게 차별하지 않거든요. 총기 사고와 미국 백인을, 훌리건의 폭력과 영국 백인을 연결시키지 않죠. 그런 사람들이 한국에서 마약을 반입하고 성범죄를 저질러도 이를 특정한 인종, 지역, 문화, 종교로 확대하지 않아요. 하지만 당신들은 코만 풀어도 어떻게든 그 이상의 것과 연결되어 공동체에서 배제되어도 마땅한 이유로 둔갑할 거예요. 그러니 오지 마세요. 믿기 힘들다면, 이 글에 달린 댓글을 보세요.

칼럼은 여기저기에 공유되었고 정말 많은 댓글이 달렸다. 민낯을 까발린 통쾌한 글이라는 격려도 받았지만 '내 의도대로' 그보다 몇 배의 욕을 먹었다. 직접 메시지를 보내 이슬람 종교를 혐오해도 되는 이유를 차근차근 알려주는 경우도 허다했다.

한국인들 중 이슬람이라는 종교를 불교, 그리스도교(천주교와 개신교)와 함께 병렬적으로 이해하는 사람이 몇이나 있겠는가. 대다수가 '9·11 테러' 이후에 온갖 부정적인 해석이 첨가된 이미지로 이 종교에 대한 최초 정보를 접했을 것이고, 이에 부합하다고 느껴지는 사건들만으로 그 종교를 나쁘게 기억하는 게 사실이다. 그러니 뱉어지는 말들의 수위는 잔인하다. 싫어하는 정도가 아니라 증오한다. 한국이란 땅에 이슬람을 믿는 사람이란 단 한 명도 없다고 믿지 않고서야 어찌 가능할까 싶을 정도로 공격적이다. 한국에서 태어나 종교를 이슬람으로 선택한 사람도 6만 명이나 되는데 말이다. 이들의 인권은 불교, 천주교, 개신교를 선택한 사람하고 다르단 말인가?

제주에 살 때, 우연히 채식주의 식당을 간 적이 있었다. 주인은 지역 사회에서 환경 운동가로 명성이 꽤나 있었는데, 식사하는 우리에게 채식의 (효능이 아니라) 의미를 끊임없이 설명했다. 동물권, 기후 위기 등을 언급하면서 말이다. 채식하는 사람치고 따뜻하지 않은 사람은 없다는 말이 좀 부담스러웠지만, 좋은 뜻이라 받아들였다. 나중에 알고 보니 그 사람, 제주도 예멘 난민 논쟁 당시 '평화의 섬이 위험하다'는 몰역사적 논리를 앞세우며 가장 격렬히 반대한 이였다. 채식을 지구 생명체 존중과 연결시키고 강조하는 이가 특정 종교와 인종에 대한 혐오 발언을 하는 게 무난한 흐름일 리 없다. 하지만, 한국에선 이 어색함조차 인지되지 않을 만큼 이슬람은 동네북이다.

2021년 12월, 대한민국 여권의 디자인과 색깔이 33년 만에 바뀐다는 소식을 전하는 뉴스에는 "녹색 여권은 대부분 이슬람 국가들에서 사용하다 보니 우리나라와 문화적 맥락이 맞지 않는다는 항의가 있었다"*는 필요 없는 부연 설명이 곁들여진다. 청와대 국민 청원이 있었다는 추임새도 이어진다. 그런 말들이 있었다 해도, 그 때문에 교체했다 해서야 되겠는가. 과거 여권은 군사 정권의 특징이 색깔에 반영되었다는 말도 있고, 도난의 위험을 최소화하기 위해 평범한 수첩처럼 보이도록 만들어졌다는 주장도 있다. 지금은 글로벌 시대이니, 좀 멋스럽게 바꾸자는 요구들이 있었을 거다. 그러면 될 걸 굳이 녹색은 중동과 서아프리카 국가에서 많이 사용해서 우리와 맞지 않는다는 억지 논리를 첨가한다. 파란색 여권은 미국이나 영국 등에서 사용한다는 역시나 불필요한 사족도 참담하다. 이제, 비슷해졌으니 다행인가?

이처럼 한국에서 이슬람은 조금이라도 겹쳐져서는 안 되는 것, 무조건 피해야 하는 것, 적극적으로 배제시켜야 하는 것으

---

* "신형 전자 여권 '녹색'에서 '남색'으로 바뀐 까닭은?", 〈KBS 뉴스〉, 2021. 12. 1.

로만 등장하고 해석된다. 그게 왜 문제냐는 이들이 많으니, '모든 무슬림이 테러리스트는 아니지만, 모든 테러리스트는 무슬림이다'라는 표현도 서슴없다. 무슬림을 향한 무지막지한 테러가 얼마나 흔한지는 1초만 검색하면 찾을 수 있는데 말이다.

이러면 '나는 이슬람 극단주의자들의 행태를 말한 거'라면서 다시 따질 거다. 그걸 두둔할 사람이 어디 있겠는가. 정말 나쁜 사람들이라고, 무슬림들도 입을 모아 말한다. 백인들이, 백인 우월주의자의 끔찍한 인종 차별 범죄에 기겁하는 것과 같다. 하지만 누구도 '모든 백인들이 백인 우월주의자는 아니지만, 모든 백인 우월주의자는 분명 백인'이라면서 혐오를 정당화하지 않는다. 대상이 무슬림이면, 한다. 논리적 오류 따위는 신경 쓰지 않겠다는 그 의지, 이슬람이 동네북이 아니고서야 가능하겠는가.

우리에게
우리는 누구인가?

　　노인을 꼭 그렇게 묘사할 필요가 있냐는 질문을 받았다. 나는 선거의 의미를 설명하다가 노인들이 악착같이 투표하러 나오는 모습을 무의식적으로, 그러니까 내 관성을 제어하지 못하고 묘사했다. 한쪽 손은 주먹을 쥐고 지팡이를 들고 있는 느낌으로, 그리고 약간은 꾸부정한 자세로 말이다. 필요없는 동작이었는데, 누가 웃어주니 대수롭지 않게 여겼다. 전후 사정이 무엇이든, 나는 노인의 이미지를 더 고정적으로 만들었다. 정확히는, 부정적으로.

　　현대 사회는 노인을, '늙고 느리다고' 타박한다. 그건, 노인의 가장 대표적인 특징인데 말이다. 신체의 노화 속도를 통제하는 게 자기 관리가 된 시대 아닌가. '나는 지금의 할머니처럼 늙지 않겠다', '할아버지가 되어서도 복근을 자랑하고 싶다'는 선언을 하는 젊은이들이 얼마나 많은가. 노인이 거울 속 자신의 모습을 보면서 마음이 편할 리 있겠는가. 세상의 속도는 어떠한가. 너무 빠르다. 무인 주문대라고 하면 될 것을 굳이 키오스크라고 하는 이유도 모르겠고, 화면은 너무 현란하다. 메뉴도 많고, 옵션도 많고, 결제 방식도 많다. 어질어질하다. 세상에, 사람이 음식 주문하면서 이렇게 당황한 적이 있었던가. 칼국수 한 그릇 먹으려고 이토록 긴장한 적이 있었던가. 디지털 시대에 성장하지 않았기에 노인들이 디지털 사용에 시간이 많이 걸릴 수밖에 없지만 이 사회는 배려하지 않는다. 늙어서 느린 건데, 느리다고 욕먹는다. 이런 야속함이 가득하기에, 내 행동이 누군가에게는 불편했을 거다. 그만큼 예민하다는 건데, 그 감정 충분히 정당하다. 내가 표현한 노인의 '느림'은 사회에서는 '느려터짐'으로 보이기 일쑤니까 말이다.*

그러니 노인들은 동네북이다. 코로나19 바이러스가 창궐할 때는 어떠했는가. 디지털에 익숙함을 전제로 구현되는 언택트 세상은, 노인들에겐 공상 과학 소설을 마주하는 느낌이었

---

* 나는 《세상 멋져 보이는 것들의 사회학》(북트리거, 2024, 209~210쪽)에서 '늙어서 노인인데, 늙었다고 타박받는' 노인의 삶을 한국 사회의 안티에이징 현상과 연결해 비판적으로 다룬 바 있다.

을 거다. 주된 일자리에선 오래전에 퇴출당해 육체를 사용하지 않고선 생계 유지가 불가능한 그들에게 재택 근무라는 말은 판타지 소설일 뿐이다. 이건, 사회의 변화가 너무 빠른 탓이라고 이해라도 할 수 있다. 하지만 5년, 10년은 더 살 사람이 속수무책으로 죽어가고 있는데도 사회적 거리 두기가 과하다고 비판하거나 백신 무용론을 주장하는 이들을 마주하는 건 다른 기분일 거다. 건강한 사람은 괜찮다면서, 건강하지 않은 사람을 위협하는 사람들이 얼마나 많았는가. 노인이라서 죽을 수 있다는데, 노인이 아니면 안 죽는다고 말하며 바이러스를 전파하는 사람들과 함께 살아간다는 건 어떤 기분일지 상상조차 하기 힘들다. 이는 노인 소외의 수준이 아니다. 노인 배척이다. 이미 그러하다. 집값 떨어진다며 동네에 요양 병원 생기는 걸 결사 반대하는 사람들을 찾는 건 어렵지 않다.*

어떤 존재를 공동체의 밖으로 밀어붙이는 구별 짓기는 흔하다. 당국의 늦장 대응으로 구치소에 코로나 확진자가 속수무책으로 증가했을 때, 한 기자가 마스크조차 매일 지급되지 않음을 시사 프로에서 지적하자 진행자는 '우리도 마스크를 매일 교체하면서 살지 않는다'면서 화들짝 놀란다. 구치소는 3밀

---

* "휠체어 노인 싫다, 혐오 시설 된 도심 요양원", 〈한국경제〉, 2024. 4. 16.

(밀집, 밀접, 밀폐)을 갖춘 바이러스 감염 최적 장소인데, 그곳에 마스크가 원활히 지급되는 게 무슨 특혜라도 되는 걸까? 캘빈 클라인 속옷을 매일 지급하라는 것도 아닌데 말이다.

어찌 그들이 '우리'일 수 있냐는 무의식적 표현이었을 거다. 씁쓸했다. 우리는 누구일까? 교정 시설에 있는 사람은 우리가 아닌가? 이런 인식은 허다하다. 어떤 흉악범이 체포되면, 구치소 식단이 인터넷에 떠돌고 기사화된다.* 미역국, 떡볶이, 바나나까지 화려하게 나온다는 거다. 국민 세금으로 저런 인간에게 왜 저런 걸 먹여야 하냐는 지탄이 자연스레 따른다. 마치 구치소에선 지렁이라도 잡아먹는 게 당연하다는 투다. 탕수육 한 점이라도 나오면 국정감사가 필요하다고 할 판이다.

교정 시설은 갱생이라는 재사회화를 목표로 존재한다. 사회로부터 격리라는 형벌을 받은 이들을 다시 공동체 안으로 잘 복귀시키는 게 목적이 아니라면, 범죄자를 다리 밑에 묶어두고 지나가는 사람들에게 돌을 던지게 하면 될 일이다. 하지만 우리는 사회의 순기능을 믿기에 세금을 납부하고 국가가 올바른 방향으로 제도를 구축하길 촉구한다. 밥 먹는 건 가장 기초

---

* "군대보다 낫네, 유영철이 먹는 '황제 식단'? 구치소 메뉴 뭐길래", 〈머니투데이〉, 2023. 12. 21.

아니겠는가. 랍스터를 매일 지급하라는 게 아니다. 그저 밥 잘 챙겨 먹었다는 기분이라도 나야지 무슨 교육이라도 받을 의지가 생기지 않겠는가.

한 교정 시설에서 노래방 기기를 마련한 게 논란이 된 적이 있다.* 당신이 이런저런 이유로 교정 시설에 있다고 치자. 노래방 기기가 있어서 노래 한 곡 부르면서 잠시나마 자유의 소중함을 느낄 수 있고, 그게 사회로 복귀할 희망으로 이어진다면 다행 아닌가. 다양한 프로그램을 능동적이고 적극적인 자세로 임한 사람이 사회로 돌아온다면 그게 공동체에도 좋은 일 아닌가. 그런데 그것만으로 버러지 취급을 당한다면 당신의 갱생은 가능할까? 처참함의 크기만큼 스스로를 구제불능이라 여기고 구렁텅이 속에서 허우적거릴 확률이 높을 것이다. 그러다가 진짜 괴물이 될지도 모를 일이다. 악마를 싫어한다면서, 끊임없이 악마를 출현시킬 구조는 누가 만들고 있는지 묻고 싶다.

그들은 절대로 우리가 될 수 없다는 논리는 막강하다. 우리가 강조되면 '우리끼리' 뭉쳐 저쪽을, 저쪽 사람을 배제하는 걸

---

* "이보다 편한 삶 어디, 전주교도소 노래방 설치, 비난 여론 확산", 〈뉴스토마토〉, 2020. 10. 29.

정의롭게 여길 가능성도 높아진다. 우리(we)만 속한 우리(cage)가 더 촘촘하게 만들어진다. 흉악범이 내 이웃이면 어떡하냐는 논리는 그 연장선에서 탄탄해진다. 흉악범만이 대상이겠는가. 한국 사회에서 이웃은 사랑의 무한 확장이 가능한 철학적 개념이 아니라 '나와 너', '우리와 너희'를 철저하게 구분하는 선명한 물리적 경계다. '내 이웃이 된다면' 식의 표현은 그 앞의 등장인물을 변형시키며 광범위한 배제와 혐오를 정당화하는 연료로 사용된다. 난민 논란이 있을 때마다 등장하는 특정 종교와 특정 인종을 향한 엄청난 폭력성은 그들은 우리가 아니라는 전제에서 출발한다.

횡단보도 하나 거리에 임대 주택이 들어선다고 대동단결하는 이웃들은 얼마나 많은가. 심지어 같은 단지 안에서도 출입구를 다르게 만들고 '임대 주민은 놀이터 이용 금지'라는 팻말을 박아둔다. 우리와 너희는 근본이 다르다는 강력한 입장 표명이다. 내 집 앞에 특수 학교 생기는 걸 결사반대하는 사람은 얼마나 많은가. 장애인은 함께할 수 없는 존재라고 한 치의 부끄러움도 없이 천명하는 이들에게 우리는 누구일까? 당신은 어떤 우리인가? 거기에 포함되어서 다행인가?

차별금지법은
헌법 정신을 보완한다*

"나는 그냥 차별할래요. 제가 속물이라서요." 이렇게 말하는 사람이 그나마 솔직하다고 여겨질 때가 있다. 그래도 차별이 문제라는 것에는 동의하고 자신이 이기적이라는 것은 인정하고 있으니 어떻게든 대화가 이어져 나가지 않겠는가. 이 정도를 괜찮다고 하는 건, 차별을 차별이 아니라고 하는 사람들의 당당한 언행을 접하는 게 빈번해서다.

나는 대학의 기업화를 비판한 책《진격의 대학교: 기업의 노

---

* 이 글은 포스텍 소통과공론연구소의 웹진 〈소통과 공론〉(5호, 2021)의 '포괄적 차별금지법, 인권과 자유의 경계'라는 기획에 맞춰 작성되었다. 나는 《세상이 좋아지지 않았다고 말한 적 없다》에 수록된 〈경향신문〉 칼럼 "이성애자만 억울할 순 없다"(2018. 3. 18.)를 발전시켜 글을 완성했다. 겹치는 문장이 있는 점, 미리 양해를 구한다.

예가 된 한국 대학의 자화상》(문학동네, 2015)에서 기계적인 찬반 토론의 무례함을 다룬 바 있다. 겉으로는 '타인과의 소통'이라는 그럴싸한 포장지를 입혀놓은 토론 대회가 2000년대 이후 유행처럼 증가했는데, 이는 학생들이 취업에 필요한 스펙 한 줄을 채우기 위한 고육책에 불과했다. 토론이 '배틀'이 되더니, 상대 말의 꼬투리를 잡아 으르렁거리며 모욕적인 언변을 섞는 것도 일쑤였다. 진행 과정도 엉성했는데, 참가자들은 제비뽑기로 찬반 팀을 정하고 아무 주제나 가지고 승부(?)를 겨뤘다. 모 대학의 토론 대회에 심사위원으로 참여한 나는 결승전 주제였던 '동성애 찬반'에 대해, 주제 선정부터가 심히 유감이라면서 문제 제기를 한 바 있었다. 어떻게 말하느냐에 따라서 차별과 혐오의 문을 열어주는 토론을 어찌 토론이라 할 수 있겠는가. 좋은 취지였다고 항변하는 이들도 있다. 어떻게든 공론화가 되면 다행 아니냐고 하지만, '어떤 식이었는지는' 굉장히 중요하다. 성소수자 혐오가 정당한지를 따지는 곳에서 성소수자가 떳떳하게 살긴 어렵다.

본인이 그 당사자라면 결코 선택하지 않을 주제를 당당하게 수면 위로 끄집어내는 건, 이성애자가 다수란 사실을 '정상'이란 표현으로 둔갑시켜 언제나 존재했던 소수를 비정상의 범주에 가두는 사람들이 정말 많기에 가능하다. 이런 배경에서 동성애자에 대한 차별은 반대하지만 동성애를 싫어하는 건 자유라는 궤변이 마치 합리적인 양심처럼 부유한다. 어떤 동성애자도, 이성애를 싫어할 자유를 갈망하지 않는다. 내가 어떤 성적 지향을 지녔다는 건, 나와 다른 성적 지향을 싫어할 이유가 될 수 없지만 이성애자들은 당당하다.

이성애자 100%의 공동체는 단 한 번도 없었다. 하지만 이성애자는 늘 그런 세상이 정상이라 여겼고 그 강박만큼 혐오했다. 온갖 끔찍한 조치들이 난무했지만, 그 세상은 한 번도 있지 않았다. 동성애자를 동성애에 '오염'되었다는 식으로 접근한 이들은 동성애자들에게 강제로 이성애적 성적 흥분을 접하게도 했다. 성적 취향을 적절하게 조절하면, 성적 지향이 변할 거라고 믿었던 이성애자들 앞에서 동성애자들은 실험실 생쥐가 되었다. 어찌 소수자들이 움츠러들지 않을 수 있겠는가. 그러니 이성애자의 눈에는 이성애만 보이고, 다름을 이해할 기회를 갖지 못한다. 세월의 무게만큼 고정 관념은 견고해지고, 혐오의 수위는 높아지고 이와 비례하여 누군가는 헌법 제10조의 '모든 국민은 인간으로서의 존엄과 가치를 가지며, 행복을 추구할 권리'를 보장받지 못하는 일상 속에서 거적때기가 되어 살아간다.

그러지 않았다면, '차별금지법'이란 말은 등장하지도 않았다. 누구는 이 법이 헌법이 보장한 양심, 표현, 종교의 자유를 침해한다고 한다. 하지만 이 법은 헌법이 보장한 양심, 표현, 종교의 자유를 침해당하는 이들을 한 걸음이라도 더 보편적 권리 쪽으로 이동시키기 위한 보완책이다. 정체성을 억지로 부정하며 늘 양심에 어긋난 행동을 해야 하는 슬픔을 지닌 이들에게, 성소수자를 존중하라는 표현만으로도 불이익을 감수해야 했던 이들에게 사회가 손을 내밀고 있다는 하나의 신호다. 종교의 자유도 마찬가지다. 헌법 제20조 1항의 종교의 자유라는 건 누구도 종교의 힘에 영향을 받지 않을 자유까지를 포함한다. 믿는 이들끼리 손뼉 치고 노래 부르며 사후 세계를 상상하는 건 괜찮지만, 자신들의 기준을 공동체에 들이밀어선 안 된다. 2항에 '국교는 인정되지 아니하며 종교와 정치는 분리됨'이 괜히 명시된 것이겠는가. 그런데 어떠한가. 대통령 후보들은 하나같이 기독교 단체의 수장을 찾아가야 한다. 그때, 목사는 묻는다. "동성애에 찬성하십니까?" 후보들은 눈치 보며 말한다. "한국에선 시기상조다." 그리 태어난 걸 어찌 찬성하고 반대한다는 건지, 사람을 있는 그대로 받아들이는 데 무슨 때가 있다는 건지, 가슴 아픈 말들이 너무 쉽게 오간다.

물론 차별금지법도 토론의 대상이다. 하위법들이 지나치게 세밀해지는 현대 사회의 추세에 대한 비판이 많은 것도 사실이다. 그물이 촘촘해지면, 안 걸리면 되는 거 아니냐면서 그물의 빈틈을 찾는 사람도 그만큼 많아진다. 하위법을 능수능란하게 다루는 법조인이 헌법에 위배되는 판결을 이끌어내는 건 그리 낯선 풍경이 아니다. 성폭력 전문 변호사가 고발당한 가해자에게 빠져나갈 구멍을 어떻게든 찾아주겠다는 변호사이기도 한 경우인 것처럼 말이다. 이 맥락에서의 차별금지법 논의를 들어보지 못했다. 온통 인간에 대한 혐오만이 난무했을 뿐이다.

2007년 이후 차별금지법은 수차례 발의되었다가 폐지되었는데 수순은 비슷했다. 정치인 아무개가 '이제 관심이 필요하다'면서 기자 회견을 하면 그 사람의 사무실로 항의 전화가 빗발친다. 곳곳에 '우리 아이를 동성애자로 만드는 차별금지법에 반대한다'는 현수막이 나부낀다. 시끄러움의 크기만큼 법안은 푸석해지고 결국 본회의 안건으로도 올라가지 못하고 폐기된다. 1인치만 앞으로 나아가자는 게, 질서를 전복시켜 인류를 파멸시키고 전체주의 국가의 등장을 야기하는 선동으로 취급당한다. 자신이 이성애자이고, 그 이성애를 정상으로 믿는 이들은 현대 사회의 그릇된 성교육이 동성애자를 범람시켰다면서 세뇌당한 이들을 구할 방법을 모색한다. 이를테면 젠더니, 퀴어니 등의 단어들이 등장하거나 설명하는 책들을 도서관에서 없애라면서 항의한다.*

이성애자들은 질서가 깨진다면서 걱정한다. 소수자의 인권을 챙기다가 다수의 인권이 침해당한다고 주장한다. 그럴 리가. 동성애자가 차별받지 않는다고, 이성애자가 이성애자와 사랑할 자유가 훼손되기라도 하겠는가. 동성애자는 동성애자와 사랑한다.** 원래 그랬다. 앞으로도 그런다고 어찌 이성애자의 미래가 위협받겠는가. 하지만 이성애자가 동성애에 반대하면 동성애자는 현재를 위협받는다. 이성애자라면 지금처럼 이성애자를 만나 사랑하면 된다. 그 권리, 그 사람에게도 주자는 거다. 내 권리만 인간의 보편성이라고 우기지 말자는 거다. 그 확신의 크기만큼, 차별과 혐오도 커지니까.

* "부적절한 성교육·동성애 관련 어린이책 도서관서 퇴출", 〈뉴스1〉, 2023. 7. 26.
** 《하나도 괜찮지 않습니다》(33쪽)에서도 사용한 표현이다. 나는 이성애자의 동성애자 걱정이 틀렸음을 나타내는 데 이만한 문장이 없다고 생각한다.

빈약한 사고의 시대,
납작한 논쟁의 나라

《민낯들》(북트리거, 2022)이라는 책을 출간하고 얼마 되지 않아 독자의 항의 메일을 받았다. 사회의 이슈들을 짚어보는 글쓰기가 업인지라 종종 욕설로 도배된 불만을 접하는 게 익숙한 편이지만 너무 구체적이라 놀랐다. 책의 첫 장인 '고 변희수 하사' 사례를 언급하며 왜 트랜스젠더를 옹호하냐, 성소수자 입장만 대변하는 이유가 뭐냐, 학생들이 읽고 동성애자 되면 당신이 책임질 거냐 등의 내용이었다. 누가 읽을까봐 중고책으로도 안 팔 거다 등의 악담도 덧붙였다. 그래도 나는 친절히 장문의 반론을 보냈다. 하지만 간단한 답이 돌아왔다. "역시 자기만 옳은 줄 아네요. 그런 사람을 꼰대라고 하죠."

기시감이 들었다. 몇몇 일들이 떠오른다. 나는 첫 저서 《우리는 차별에 찬성합니다》에서 개인을 구원한다는 능력주의가 공동체를 어떻게 파괴하는지를 조명했다. 관련 강연도 수백 번 했다. 차별과 혐오의 씨앗을 일상에서 찾아보자는 내용이다. 시험을 만병통치약으로 여기는 빈약한 사고가 누군가의 삶을 납작하게 찌그러트리는 무례한 상상력으로 이어져서는 안 된다는 경고를 하면 꼭 이런 반응이 등장한다. "그럼 대안이 뭐죠?" 대안을 찾자는 게 아니라, 현 상황에 어떤 문제점이 있는지를 따져보는 것 자체에 의미가 있다고 친절히 말해도 반응은 차갑다. "학교라도 그만두라는 건가요?" 고정 관념을 지지하는 중심부로 갈수록 빈정거림은 커진다. "선동하지 마세요!"

방송에서 '결과의 평등'을 자주 이야기했다. '경쟁의 결과에 상관없이 누구나 존엄하게 살 평등한 권리가 있다'라는 의미임을 차근차근 말해도 '미친 소리'라는 반응이 압도적이다. 불평등을 조정하자는 건 모두가 기계적으로 평등하자는 것이 아니라, 아래쪽을 조금이라도 올려 양극화를 완만히 하는 것이라고 말해도 "북한 가서 사세요!"라는 조롱이 넘쳐난다. 첫째 질문을 던지고 둘째, 셋째, 넷째를 아무리 이어가고 있어도 처음 번뜩거렸던 관성적이고 원초적인 의문만을 그대로 뱉는다. 둘째부턴 이해하기 싫다는 것인지, 안 해도 된다는 것인지 모르겠지만 중요한 건 저 자신감이다. 세상을 복잡하게 이해할 필요가 없다는 단호함이 무서울 정도다.

고정 관념을 건드리면, 고정 관념도 다양성 아니냐면서 발끈하는 이들을 종종 본다. 특정 조직 안에서 관성을 따를 수밖에 없는 경우라면 더 심하다. 이들은 조직과 조직 구성원에 대한 비판을 본인에 대한 공격으로 여기고 의견을 던진 개인을 집단의 힘으로 발기발기 찢어버리는 데 몰두한다. 아무리 대척점에 있더라도 토론의 선을 지키면 서로가 다름을 정중히 이해하는 결론이라도 가능하지만, 자신을 기분 나쁘게 했다는 이유로 칼로 찌르겠다고 하니 비판자는 두려움에 입을 다물 수밖에 없다.

그들은 '외부에서 뭘 아냐'는 추임새를 습관적으로 뱉는다. 군대의 폐쇄성이 논해지면 자신이 외면한 조직의 악습을 살펴보는 게 지당한데, 모든 군인이 다 그렇지는 않다면서 군인을 혐오하지 말라고 하면 더 이상 이야기가 겹쳐지지 않는다. 내부의 고름이 밖으로 튀어나왔으니 문제를 삼는 건데, 고름에도 다 이유가 있다는 식의 '외부인 간섭 금지' 이론은 곳곳에 부유한다.

노조 교육에서 비정규직 외면하는 노동 운동 풍토를 지적하면 '노조원도 아니면서 왜 함부로 말하냐'고 하고, 장학사 연수에서 학교의 학력주의 조장을 비판하면 '교사도 아니면서'라는 평가가 나온다. 대학 병원 특강에서 간호사의 태움 문화를 지적하니 '병원에서 일한 적이 없으니 저런 소릴 하지'라는 짜증이 들리고 의사의 엘리트주의가 왜 문제인지를 논하니 '의대생처럼 공부해본 적 있느냐'는 괴상한 반론이 부유한다.

혹자는 그런 말을 왜 했냐고도 한다. 구성원들이 듣기 싫어하는 이야기를 굳이 그 앞에서 할 필요가 있었냐면서 나를 탓한다. 그러면, 처음부터 자기 계발 강사를 초대했으면 될 일이다. 외부 전문가의 의견을 듣고 싶다면서 불러놓고, 외부인 간섭 금지에 동의하라면 그 집단은 잠시라도 성찰할 작은 틈마저 봉쇄하는 꼴 아닌가. 언제나 '좋은 이야기'만이 돌고 도는 거, 과연 좋은 결과로만 이어질까?

빈약한 사고가 넘쳐나는 시대다. 비판이 차단되면 원래의 고정 관념이 강해지니 그걸 뒤틀 생각 자체가 사라진다. 그러면 논쟁이 기계적인 찬반 토론 위에서 공허하게 흘러간다. 상식과 비상식을 구분해야 하는 안건이 의견은 다 다른 거라는 정해져 있는 결론 안에서 날카로움을 상실한다. 물러서지 않으면, '다양성을 인정하지 않는 꼰대 논리'라고 쉽사리 폄훼된다. 그러니 논쟁은 납작하다.

예를 들어 '젠트리피케이션'(gentrification) 같은 주제의 기계적 찬반 토론은 초등학교에서부터 대학교까지 가리질 않는다. 젠트리피케이션은 일반적인 도시화의 의미가 아니다. 평범한 도시가 급격히 개발되고 사람이 몰리면서 폭등한 부동산 가격 때문에 원주민이 주거지를 이탈하고, 나아가 마을 자체의 특색이 사라지면서 나타나는 도시의 공동화 현상을 비판하기 위해 등장한 말이다. 당연히 찬반의 성질이 아닌 명징한 사회 문제다. 해법을 놓고는 얼마든지 입장이 다를 수 있겠지만, "나는 젠트리피케이션에 찬성합니다!"라는 말은 너무 비사회적이지 아니한가. 하지만 제비뽑기로 찬성 쪽이 되었다면 가난한 사람이 사라져서 좋다는 논리를 펴야 한다. 슬픈 건, 그걸 또 잘하면 맞는 말이 된다는 거다. 가장 슬픈 건, 이걸 따지면 '이견을 존중하지 않는 인간'이 되어버린다는 거다.

성평등 주제에선 논의의 납작함이 하늘을 찌른다. 젠더라는 표현이 생물학적 성별 구분의 한계를 보완하자는 맥락이지만, 밑도 끝도 없이 남자와 여자는 다를 뿐이라는 신념만이 나부낀다. 다를지언정 그게 차별로 이어지는 고정 관념이 되어서는 안 된다고 해도, 차별이 아니라 차이일 뿐이라면서 발끈한다. 왜 여성의 근속 연수가 짧은지를 사회 구조적으로 보자고 해도, '남녀 근속 기간이 다른데 임금 차이가 왜 문제냐'는 처음 생각을 고치지 않는다. 차별금지법 논쟁에선 화룡점정이다. 차별을 금지하자는데, '차별을 못하는 차별은 부당하다'는 발상이 당당하게 말과 글로 등장한다. 성소수자가 사회에서 배제되는 것을 줄여나가자는 법안은 십수 년째 '동성애를 싫어할 권리가 있다'는 궤변의 벽을 쉽사리 넘지 못하고 있다.

능력주의는 건드리는 게 죄다. 능력을 잣대로 차이가 아니라 차별과 혐오를 정당화하는 걸 비판하는 자리에서도 '능력주의가 왜 문제냐'는 주장은 흔하다. 당당해도 너무 당당하다. 긍정적인 면만 보자면서 부정적인 면을 짚는 걸 틀어막는다. 여기저기 오직 개인의 무용담만 넘쳐난다. 현상의 사회적 맥락 따위는 누구도 따지지 않는다. 차별이 심하면 차별을 극복하거나 받아들이고 살면 될 뿐이다. 불평등의 문제점을 아무리 말해도 '인류 역사는 언제나 불평등했다'는 게으른 분석만이 부지런히 돌아다니는 이유를 알 것 같다. 여기는 납작한 논쟁의 나라니까.

납작이라는 단어는 이 책을 관통하는 키워드지만 처음엔 고민이 많았다. 그런 표현을 하는 나는 얼마나 두터운지를 묻지 않을 수 없었다. 하지만 타인의 입체적 인생을 작은 상자에 폭력적으로 눌러 담아 납작하게 찌그러트리는 말과 행동이 당당한 시대, 이 무례한 반지성주의를 어찌 납작하다고 표현하지 않을 수 있단 말인가.

제도적 차별 너머의 차별이 보이지 않는가

제21대 대통령 선거 개혁신당 후보인 이준석 국회의원은 2025년 4월 7일 자 〈블룸버그TV〉와의 인터뷰에서 '본인이 한국에서 젠더 갈등을 조장하고 있지 않냐'는 질문에 이렇게 답한다. 막힘없는 영어 구사에 미래의 지도자감이라는 (대단히 한국스러운) 평가가 여기저기에 있는 걸 보니, 의사 표현의 한계가 있진 않았을 거다.

한국 사회에 젠더 갈등은 10년, 20년 전부터 존재했다. 한국엔 유교적 풍토가 강했지만, 이제는 달라지고 있다. (그 과정에서) 여성의 역할도 빠르게 변하고 있고 한국 사회도 적응 중이다. 누구는 조금 빠르게, 누구는 조금 느리게 적응한다.

그래서 성 역할과 성평등 문제에서 격차가 발생한다.

평소와 다르다. 겸손하다. 그의 트레이드마크인 '질문한 사람 바보로 만드는' 냉소적 태도가 사라졌다. 최소한 성평등 주제만큼은 늘 상대를 물어뜯을 정도로 자신만만하지 않았던가. 남녀 갈등을 사회 전체의 과도기 차원에서 보자는 건데, 괴상하다. 적응의 속도 차라면 모두가 같은 지향점을 가졌음에 공감하는 것이기에 대화가 거칠 이유가 없다. 그랬는가?

이준석은 과거 인터뷰에서 "2030 여성들이 소설과 영화 등을 통해 본인들이 차별받고 있다는 근거 없는 피해 의식을" 가졌다고 했다.* 동일한 시대정신을 지닌 '우리 편'에게 하는 말이 아니다. 너는 엉터리라는 빈정거림일 뿐이다. 그 빈도가 반복되면 페미니스트는 적이 되고, 강도가 강해지면 적을 향한 린치도 정당화된다. 그래서 이준석 '급'의 정치인의 입에서 나온 말은 돌고 돌아 무례한 폭력으로 사회를 떠돈다. 이미 페미니즘은 사람을 재단하는 도구다. 페미니스트는 편의점 아르바이트 지원하지 말라는 곳이 한국 아닌가.** 페미니스트처

---

* ""여성 차별 근거 없는 피해 의식" 인권위, 이준석 발언 '혐오 표현'", 〈한국일보〉, 2022. 4. 2.
** ""페미 지원 불가" 편의점 알바 모집 논란에, 본사 "점포에 강한 제재 검토"", 〈한겨레〉,

럼 보인다고 여자 때리는 곳이 한국 아닌가.* 이를 해외 언론이 보도했을 정도다.**

그는 교제 살인, 스토킹 범죄가 '여성 죽이지 말라'는 목소리로 확장되는 것을 '페미니즘과 연결하려는 선동'이라 했다.*** 그래 놓고, 빠르고 느린 적응의 문제로 현 상황을 분석하다니 참으로 기만적이다. 한쪽에서는 구조적 차별에 분노하는데 한쪽에서는 그게 왜 구조적 차별이냐면서 조롱하니 갈등이 어찌 없겠는가. 앵커의 질문은 네가 그 갈등 조장의 장본인 아니냐는 지적이었다.

이준석은 한국에서 무슨 성차별 타령이냐는 언급을 여러 번 했다. 늘 단호했고, 거만했고, 오만했다. 그러다 보니 억지도 차고 넘친다. 계엄 사태 이후 여성들의 집회 참여가 많은 이유를 '치안이 좋아서'라는 어리둥절한 이유로 분석하기도 했다. 분노가 이번 집회의 연료임이 분명하다면, 여성들이 '더' 윤석열 정부에 화난 이유가 있을 거라는 전제에서 원인을 살펴야

2021. 4. 18.
* ""페미니스트는 맞아도 돼" 20대 남 구속 기소, 檢 "혐오 범죄 엄정 대응"", 〈YTN〉, 2023. 11. 22.
** "South Korean man attacks shop clerk he thought was a feminist", 〈BBC〉, 2023. 11. 6.
*** ""여성 죽이지 마" 호소에 "범죄를 페미니즘과 엮는다"는 이준석", 〈한겨레〉, 2011. 11. 21.

함이 마땅하다. 만약 해외 언론에서 한국인들의 성숙한 민주주의 의식과 연결시켜 집회를 보도하면서 '수도권 지하철이 매우 촘촘한 이유도 무시할 수 없다'라고 한다면 얼마나 황당하겠는가.

그는 저 이야기를 하면서조차 남성들은 군대를 가서 상대적으로 집회에서 보이지 않았다는 식의 필요 없는 추임새를 끼워 넣는다.* 그러한 분석은 군 복무가 지금보다 훨씬 길었던 시절에도 등장하지 않았다. 여성의 분노를 사회 구조와 연결시키는 것을 거의 강박 수준에서 거부한 결과일 거다. 이준석은 소설《82년생 김지영》의 저자가 여성에게 안전하지 않은 한국의 보행 환경을 지적하자 "망상에 가까운 피해 의식"이라고 했을 정도다.

한국 사회가 '과거보다' 좋아졌다는 사실에만 집중하는 이들은 지금이 어떤 시대인데 차별 타령이냐면서 상대를 윽박지른다. 세상이 좋아진 걸 누가 모르는가. 다만, 인간의 신체는 그런 통시적인 이해를 바탕으로 반응하지 않는다. 여성이 모르는 남성에게 돌려차기로 맞고 기절하는 영상을 보고 어찌 성별 감정이 동일하겠는가. 여성이라면 훨씬 큰 공포를 느낄

---

* "이준석 "여성 높은 집회 참여율? 치안 좋아서, 남성들은 군대에", 〈한겨레〉, 2024. 12. 26.

텐데 이때 "음, 통계적으로는 한국이 매우 안전하니 나도 괜찮을 거다. 내 할머니는 학교도 못 다녔는데 지금은 아니지 않냐. 감사하면서 살자"면서 무서움을 희석시키는 건 매우 어렵다.

사회는, '전반적으로는 좋아지고 있지만 아직 갈 길이 멀었다'는 태도로 접근해야 한다. 그래야지만 오늘보다 내일이 안전하다. 정치인의 존재 이유일 거다. 대통령이 되겠다는 사람이라면 두말할 것도 없다. 그런데 이준석은 '여성으로 살기에 불안하다'는 말이 얼마나 꼴불견이었으면, 여성의 집회 참여 이유로 치안 운운하는 걸까. 〈블룸버그TV〉와의 이어진 인터뷰에 답이 있다. 젠더 격차 해소 방법에 대해 그는 역사적 동문서답을 남긴다.

나는 미국에서 교육을 받았기에 이런 이슈에 대해 저를 비난하는 사람들보다 앞선 견해를 갖고 있다.

대학에서 컴퓨터공학과 경제학을 전공했지만, 미국에서 공부했기에 젠더 논의를 다 꿰뚫는다는 말인가? 불가능함을 본인도 잘 알 거다. 저 말은 페미니즘에 동의하지 않을 이유를 미국에서 몸으로 느꼈다는 의미다. 대담 형식의 저서 《공정한 경쟁》(강희진 엮음, 나무옆의자, 2019)에서 이준석은 교육열 강한 목동에서 같은 학년 700명끼리 치열하게 등수를 다투며 오직 공부로 서열이 매겨지는 모습을 "지금 생각하면 완벽하게 공정한 경쟁"(201~202쪽)이라 했다. 지금 생각이란, 미국에서 교육을 받은 후의 시점이니 그가 말한 앞선 견해란 결국 능력주의에 기반한 납작한 해석이다.

그의 '남들보다 앞선' 견해는, 《정의란 무엇인가》의 저자 마이클 샌델의 하버드대 강의를 약장수 수업이라고 폄하할 때도 잘 드러났다. 진중권 교수와 할당제 문제로 페이스북에서 논쟁을 하다가 나온 말인데, 진 교수가 샌델 책이라도 읽어보라는 식으로 말하자 이준석은 '저희 학년에서는 약 파는 수업이라고 해서 안 들었다'면서 저리 말했다.

그 시선, 그러니까 인문학 계열이 아닌 학부생들이 철학을 깔보는 풍토는 미국이 아니라 능력주의를 만병통치약으로 여기는 어디를 가도 존재한다. 철학은, 인문학은, 사회학이나 정치학은 언제 어디서나 '세상이 좋아지기 위해 무슨 고민이 필요한지'를 알려주는 약을 팔았다. 누구도 비꼬진 않았다. 하지만 취업률로 학문을 구조 조정하는 시대가 되더니, 어떤 공부는 '경쟁력 없으니 도태되어도 마땅한' 것으로 깔보는 풍토가 2000년대 초중반부터 등장했다. 그때가, 역대 최연소 대통령을 꿈꾸는 이준석이 '완벽하게 공정한 경쟁'을 하던 시기다.

그는 제도적 차별 너머의 차별을 보지 않는다. 역사의 유산이 어떻게 사람들의 관성이 되어 문화적 습관으로 이어지는지를 따지지 않는다. 눈에 보이지도 않는 걸 왜 붙들고 있냐는 태도다. 하지만 본인 편견이 크니, 보이는 것도 외면한다. 사회적 편견이 노동 시장에서 실제 성별 임금 격차로 이어짐을 200년 치의 데이터로 분석한 클라우디아 골딘은 '유리천장'이 실제로 매우 선명했음을 밝힌 공로로 노벨 경제학상을 수상했다(2023년). 게다가 골딘은 '고학력 여성'에게조차 이는 강철천장임을 증명했다. 과연, 공부를 '더' 하지 못한 본인 문제였을까?

헌법은 물론이고 노동법, 남녀고용평등법 등을 통해 한국에서 성별에 따른 차별은 이중, 삼중으로 금지되어 있다. 정치인은 이 '좋은' 법의 '나쁜' 사각지대를 찾고 어떻게 메워야 할지를 고민하는 사람이다. 세상이 법대로 돌아가면, 애초에 정치는 필요하지도 않았다. 법을 무용하게 만드는 이런저런 문화적 관성에 대해 고민해야 하는 순간마다, '법이 성차별을 엄격히 금지하는데, 무슨 차별이 있단 말이냐!'라고 우기는 건 그가 좋아하는 표현을 빌리자면 참으로 '반문명적' 발상일 거다. 최연소 대통령 후보와는 무관한 이준석 개인의 특징이었으면 한다. 아니라면, 정말 그가 트럼프처럼 '그릇된 시대정신'을 대변하는 것이니 너무 슬프다.

3부

나의 기분만 생각하는 말들

"모든 고통은
집착에서 시작된다."

― 석가모니

그런 말 듣고자 한 말이 아니다

제주 시골에서 살 때의 일이다. 집 앞에 고양이 일가족이 추위를 피해 왔다. 평생 고양이를 만져본 적도 없지만, 모른 척하기엔 미안해서 급하게 물과 음식을 주니 잘 먹는다. 고양이 좋아하는 사람들의 선한 모습들을 나도 자연스레 따라 한 거다. 그것만으로도 기분이 좋아졌다. 고양이를 쳐다보는 것만으로도 삶의 애환이 잠시나마 사라졌다. 사진을 몇 장 찍어, 지친 일상에 고양이가 웃음을 준다는 짤막한 글과 함께 공유했다. 평소 고양이 사진 많이 올라오는 곳이었다. 그러자 밥그릇이 지저분하다, 오래된 물 같다는 등의 차가운 반응이 등장한다. 사람 먹는 음식 준 거 아니냐는 추궁도 이어진다. 고양이를 있는 그대로 대해야지, 위로받기 위한 도구로 여겨서는 안 된다는 훈계도 빠지지 않는다.

그런 말을 듣고자 한 말이 아니었는데, 그런 말을 하는 사람들이 있다. 강아지와 산책을 하다가 만난, 비가 오나 눈이 오나 개와 동네를 돌아다니는 이웃도 그랬다. 요즈음 왜 보이지 않았냐고 물어서, 당연히 내 안부를 묻는 줄 알았다. 며칠간 아이가 아팠고, 그러다 보니 업무가 밀려서 정신이 없었다며 근황을 친절하게 전했다. 어떤 답이 돌아왔을까? 나는 '강아지 산책의 중요성'에 대한 일장 연설을 들으며 좋은 견주가 되는 교육을 일방적으로 받아야만 했다. 자신은 하루 세 번 강아지 산책을 반드시 지킨다는, 묻지도 않은 말까지 들었다. 다 맞는 말이었지만, 그 상황에 맞는 말은 아니었다.

개와 고양이를 대하는 바른 태도야 중요하지만, 내가 그게 궁금해서 지친 일상을 슬쩍 흘렸겠는가. 답답한 내 사정에 대한 일말의 끄덕거림을 기대해서일 거다. 하지만 무엇에 꽂힌 이들은, 그 무엇이 대단히 옳은 것이라고 여기는 이들은 시야를 사람으로 넓히지 않는다. 자기 관심사와 비슷한 결이 조금이라도 드러나면 그것만을 붙들고 대화의 맥락을 완전히 엎어버리는 무례를 일삼지만 본인은 그게 문제인 줄 모른다. 조금이라도 반박하면, 틀린 말을 한 것도 아닌데 왜 그러냐며 정색한다.

좋아하는 것을 실천하는 게 왜 문제이겠는가. 좋아하는 걸 제대로 하겠다는 게 왜 문제이겠는가. 하지만 그 의지가 강박으로 무장되면, 사람에 대한 공감 능력을 잃은 자의식 과잉의 상태에 이르게 된다. 운동에 미치면, 운동을 어떤 경우에든 전도해도 되는 것으로 착각한다. 그래서 "요즘 심란해서 운동을 못한다"면서 신세를 한탄하는 이를 향해 운동을 안 해 심란한 거다, 투덜거릴 시간에 걷기라도 하라면서 타인만의 복잡한 상황을 나약한 핑계로 찌그러트려버린다. 틀린 말은 아닐 거다. 행복해서 웃는 게 아니라, 웃어서 행복한 거라고도 하니까. 하지만 그 상황에 맞는 말일까? 운동이 좋다면, 더 친절하면 될 일인데 이 좋음이 강박이 되면 사람을 깔본다.

건강한 음식을 먹겠다는 다짐을 지나치게 성스럽게 포장하는 사람은 식사 자리에서도 이런 거 먹으면 몸에 안 좋다는 추임새를 뱉어내기 바쁜데, 그때 발생하는 적막감을 본인만 느끼지 못한다. 그러니 누가 장염에 걸렸다고 하면 걱정은커녕 무엇을 먹었는지를 캐묻기 바쁘다. 그게 햄버거나 삼각김밥이라면 정말 그런지와 상관없이 비난의 수위를 높이는데, 또 떳떳하다.

지나친 확신은 소통을 불가능하게 한다. 모든 것을 좋게만 생각하자는 과잉 긍정성에 빠진 이가, 사회 비판을 하는 작가에게 부드럽고 친절한 글을 쓰라면서 다그치면 이야기가 이어질 수 없다. 자기 연민이 지나치면 스스로에게 해롭다는 걸 누구나 안다. 하지만 이를 이겨낸 자신을 너무 사랑하다 보면, 타인의 한숨만 듣고도 청승 떨지 말라면서 비수를 꽂는다. 자기 혐오에서 벗어나라는 말을, 회초리로 사람 때리듯이 윽박지르며 내뱉는다.

한국인들이 관계에 지치는 건, 그저 주거니 받거니 하는 대화가 늘 어그러져서일 거다. 그런 말 들으려고 한 말이 아닌데, 이상한 말이 돌아오는 순간이 어찌 편안하겠는가. 어렵사리 "파이팅!"을 외치는 사람 앞에서 그런 표현은 영어에 없다면서 맥을 끊는 사람이 되지 말자.

나는 너보다
더 힘들어야 한다

내가 결혼하기 전, 그는 결혼해봐야 진짜 힘든 삶이 시작된다고 했다.

내가 결혼을 하자, 그는 애가 있어야지 진정한 고생이라고 했다.

첫째가 태어나자, 그는 애가 둘이니 장난 아니라면서 하나면 행복한 줄 알아야 한다고 했다.

둘째가 태어나자, 그는 딸은 생각보다 손 안 간다면서 자신은 아들이 둘이라 죽을 지경이라 했다.

내가 월세 살 때, 그는 2년마다 전세금 오르는 거에 비하면 월세는 큰 부담이 아니라고 했다.

내가 전세 살 때, 그는 대출 받아 산 집이 오르지 않아 초조하다며 전세는 돈이라도 돌려받지 않냐고 했다.

경기도에서 버스 출근하던 그는, 겨울에 사당역에서 버스 기다려 보지 않은 자는 인생을 모른다고 했다.

서울로 이사 와 지하철을 이용하던 그는, 9호선 지옥철 타본 사람만 월급쟁이의 비애를 안다고 했다.

중소기업에서 일하던 그는, 대기업에서 돈 많이 받는 사람이 어떻게 같은 노동자냐고 했다.

대기업으로 이직한 그는, 큰 회사 다녀보니 중소기업이 왜 욕먹는지 알겠다고 했다.

프리랜서가 된 그는, 출근해서 어떻게든 버티면 월급 따박따박 나오는 사람이 무슨 고민이냐고 했다.

사장님이 된 그는, 직원들 월급날이 너무 무섭다면서 자기 사업 안 해본 자가 어찌 이를 알겠냐고 했다.

그는 서른 살일 때, 나이 서른 먹고 사람이 쉽게 변하냐면서 자신만의 가치관이 있다고 했다.

그는 서른아홉 살이 되었을 때, 곧 마흔인데 줏대 없이 일희일비하는 거 아니라면서 소신대로 살겠다고 했다.

그는 40대 중반이 넘어가자, 나이 50 다 된 사람에게 조언 말라면서 화를 냈다.

그는 30년 넘게 이렇게 말한다. "앞으로는 간섭받지 않고 살겠다!"

"나보다 더 힘드냐", 그는 항상 이런 말로 타인의 하소연을 단칼에 끊는다.

"사람 사는 거 다 비슷해, 혼자만 힘드냐", 그는 항상 이런 말로 타인이 어렵게 꺼낸 말을 납작하게 만든다.

그는 늘 개개인의 삶을 수직으로 비교해 상대의 고충을 징징거림으로 규정하고 무안을 준다.

"나도 힘든데, 넌 더 힘들었구나", 그가 절대로 하지 않는 말이다.

책에서는 공감 능력 없는 사람은 절대로 잘 살지 못한다는데, 항상 자신이 중심인 그는 아주 잘 산다.

아니, 사람하고의 관계가 '잘'이 아님을 그만 모른다.

그는 늘 자신이 가장 힘들어야 한다.

그래서 늘 생각한다. '지가 힘들어봤자지.'

그의 잘못이겠는가. 그는 열심히 사는 사람이다. 늘 자기 계발서를 읽고 동기 부여 영상을 항상 틀어놓는다. 스스로를 긍정의 아이콘이라 자부한다. 문제는 과하다는 거다. 과하게 열심히 산다는 게 아니라, 열심히 살고 있다고 과하게 생각하고 있다는 거다. 그러니 자신의 에너지가 외부로부터 인정받길 희망한다. 자신이 열심히 사는 사람이 되기 위해서, 늘 타인을 '자신보다는' 덜 힘든 존재로 규정하는 태도는 그렇게 버릇이 된다.

당신은 어떤 그인가. 같은 한국에 살면서, 어찌 아니라고 할 수 있을까? 물론 나도 그다. 학교 가기 싫어하는 아이에게 초등학생 주제에 무슨 투정이냐는 표정을 숨기지 않는다. 아빠가 깨워줘, 밥해줘, 준비물도 챙겨주는데 뭐가 힘드냐는 분위기를 감추지 못한다. 그런 동생에게, "너 때가 좋은 거다"라면서 한마디 슬쩍 내뱉는 첫째에게는 '어쭈, 고등학생 되더니 인생 다 산 것처럼 말하네'라는 속마음을 삐죽삐죽 드러낸다. 앞으로 고생할 일이 차고도 넘쳤으니 까불지 말라는 투의 말과 함께. 나라고 한국인에게 박힌 '나보다 더 힘드냐' 유전자가 없겠는가.

들뜨면, 실수한다

 베스트셀러 작가가 진행하는 라디오 방송에 나간 적이 있었다. 대기실에서 PD는 괜스레 서먹한 분위기를 풀어 보겠다고 나를 여러 책을 쓴 작가라고 진행자에게 통상적으로 소개했다. 오늘 주제에 맞는 내 책을 대학생일 때 읽었다는 둥의 추임새를 이어갔다. 보통은 이 분위기가 어떻게 이어질까? 나는 '어휴, 대단한 책도 아닌데'라면서 부끄러워하고, 진행자는 '이렇게 대단한 분을 만나 뵙게 되어 영광'이라는 거짓말을 하며 인사를 주고받을 거다. 하지만 민망한 상황이 곧 이어진다. 그는 "나는 모르는 책인데?"라면서 내가 누군지 전혀 궁금하지 않은 티를 팍팍 낸다. 그러더니 얼마나 팔렸는지를 노골적으로 묻는다. 별로 안 팔렸다고 하자 웃으면서 이런다. "내

책은 ○○만 부 팔렸는데.” 살다 살다 초면인 사람에게 이런 소리 들을 줄은 몰랐다. 벼는 익을수록 고개를 어쩌고, 라는 말이 스쳐간다. 얼마나 들떠 있으면 저런 말을 할까?

들뜨면, 실수한다. 성과가 눈에 보이면 들뜬다. 모두가 그런 건 아닌데, 한국인들은 좀 그렇다. 성취가 이어지면 흥분한다. 어디나 그렇지는 않은데, 한국에서는 좀 많다. 여기에 한국인이라면 없을 수 없는 '남보다'라는 변수가 개입하여 사람과 사람이 위아래로 분류되면 실수할 확률은 높아진다. 오만과 거만을 '멋'인 줄 안다. 건방과 교만을 '재치'라고 생각한다.

이 모습, 모든 것을 수직화하는 능력주의 정신이 일상을 지배하는 어디서든 등장한다. 능력주의가 문제인 건, 사람 따라 차이를 둬서가 아니라 그 차이가 사람을 들뜨게 해 사람을 차별하고 혐오하는 실수로 이어지기 때문이다. 그래서 대학 서열은 '공부의 결과일 뿐'이라는 납작한 해석에 갇히고 소득 격차는 '어쩌라고'라는 한 단어로 반박된다. 이 논리, 여기저기에 흔하다. 집값이 오르면 들뜨는 사람이 참으로 많다. 운이 좋았다라고 하면 될 걸, 꼭 '열심히 살아서 보상받았다'고 기어코 말하겠다는 이들이 얼마나 많은가. 아침마다 지옥철 타고 출근하면서 고생한 보람이 있다는 사람도 있다. 황당한 논리지만, 들뜨면 다 맞는 말이다.

한국 사람은 모성도 경쟁한다. 모성은 지구상 어딜 가나 존재하겠지만, 유독 한국에서 모성 과잉의 모습이 나오는 이유다. 이 경쟁, 내가 남들만큼 버티고 있다고 느껴져야 가능하다. 그렇게 집중하면, 곧 남들보다 잘하고 있다는 믿음이 생긴다. 그때부터, 육아의 고충은 다 감동으로 해석되어 매 순간마다 자신이 좋은 엄마라는 사실에 들뜬다. 그러면 전문가가 육아 문제를 해결하는 방송에 등장하는 사례, 주로 엄마가 고함지르고 '금쪽이'라 불리는 아이는 떼쓰기를 반복하는 걸 보면서 "부모가 저러니 저 모양이지"라는 말을 습관적으로 내뱉는다.

건강하게 살겠다면서 세상의 음식을 좋고 나쁨으로 구분하며 먹는 자신을 지나치게 뿌듯하게 여기면 야식 한 번 참을 때마다, 들뜬다. 〈생로병사의 비밀〉 같은 방송에서 혈압과 혈당 높은 사람들의 생활 습관이라면서 보여주는 치킨이나 피자 먹는 사람들이 어찌 보이겠는가. 어떤 경우까지 있냐면, 라면 값 올랐다면서 생활 물가 걱정을 하는 사람에게 "나는 라면을 안 먹어서 잘 몰라"라는 남들이 전혀 궁금해하지 않는 말을 하기도 한다. 그 어색함을 본인만 모른다. 자신의 목표가, 자신의 의지가, 자신의 생활 습관이 남들보다 '위쪽'이라는 확신이 없다면 불가능한 기괴한 반응이다.

들뜨면 돌파, 승부수 등의 말을 남발하며 흥분한다. 차분해지자. 들뜨면 열정, 열의 등의 뜨거움을 지나치게 분출한다. 차가워지자. 들뜨면 말과 행동이 정제되지 않는다. 느려지자. 삶은 오늘이 내일로 연결되는 것이지, 무슨 보상이 아니다. 그저 밝고 맑은 태도로 살아가면 된다. 내가 노트북에 붙여놓고 매일 중얼거리는 구절이라 한 번 더 읊는다. "삶은 오늘이 내일로 연결되는 것이지, 무슨 보상이 아니다. 그저 밝고 맑은 태도로 살아가자." 그럴 수 있는 사회를 희망하자. 그럴 수 없는 사회를 비판하자.

들떠도 되는 건, 응원하는 프로 야구팀이 한국 시리즈에서 우승하는 순간 정도일 거다. 그것도 고함 크게 지르며 옆 사람하고 하이 파이브나 한 번 하면 될 일이다. 평소라면 하지 못할 행동이지만, 들떴는데 그것도 못하겠는가. 딱 거기까지만이어야 한다. 너무 들뜬 나머지, "야, 어떤 팀은 1999년에 우승하고 지금까지 저 모양이래"*라면서 누구 가슴에 못을 박을 필요 없다. "1992년 우승이 마지막인 팀도 있는 거 알아?"**라면서 빈정거려서도 안 된다. 다 사정이 있을 거다. 2025년엔 두 팀이 제법 잘하고 있으니 지켜보자.

*   구대성 선수가 대단했다.
** 염종석 선수가 대단했다.

끈끈한 우리 편

사회를 비판하는 글을 쓰는 나는 좋은 사회를 희망하는 단체로부터 강연 요청을 종종 받는다. (세상에는, 정말 단체가 많다. 보수든, 진보든 좋은 사회 희망하는 건 마찬가지다.) 형편을 잘 알기에, 취지만 공감되면 강연료 조율을 크게 하지 않고 수락한다. 이게 공짜를 뜻하는 것은 아닌데, 무료로 가능하냐는 제안도 아주 가끔 있다. 대신에 책을 몇 권 사겠다, 식사를 제공하겠다 등의 말들도 첨가된다. 거절하면, 보통은 미안하다면서 상황이 종료되지만 아닐 때도 있다. 뜻깊은 일을 하는 소수가 똘똘 뭉쳐서 살아간다는 단체의 섭외자는 결국 이런 말을 내뱉었다. "작가님은 저희와 같은 편인 줄 알았는데요, 좀 그렇네요."

강연을 수락한 다음에 마주한 충격도 있다. 네 명이 각자 짧게 강연하고 함께 토론하는 포럼이었는데, 처음부터 느낌이 수상했다. 입구에는 무슨 무슨 단체에 후원을 해달라는 홍보 자료들이 가득했고 강연 들으러 온 사람들은 자기들끼리 과도하게 안부를 물으며 떠들었다. 포럼은 합쳐서 한 시간도 되지 않았는데 앞뒤로 별의별 소개와 인사 말씀이 연달아 있어서 두 시간 넘게 꼼짝없이 앉아만 있어야 했다. 자기들끼리 너무 반가워, 강연 때 집중도 하지 않는다. 그러니 질의응답도 강연의 맥락에서 벗어나서 진행된다. 끝날 때가 되어 안도의 한숨을 내쉬는데, 갑자기 사회자가 강연자들에게 종이 한 장을 나눠준다. 놀라운 글이 적혀 있었다. '나 ○○○은 매달 ＿＿원을 정기적으로 후원합니다.'

나는 그런 행사인지 사전에 듣지 못했다. 불쾌했다. 하지만 행사장은 달아올랐다. 강연자 중 두 명은 이 단체가 만들어지는 데 지대한 공헌을 한 이들이었다. 사회자가 호칭도 '선배'라고 할 정도로 자기들끼리 이미 끈끈했다. 그러니 이 무례한 식순도 거침없이 흘러갔다. 나만 어색했다. 심지어, 그 선배라는 인물은 오늘 강연료를 뒤풀이 비용으로 쾌척한단다. 내 차례가 왔다. 속마음을 억지로 감추고 작은 목소리로 말했다. 고민하고 결정하겠다고. 그러니 당황한다. 얼마나 많이 후원하시려고 생각이 그렇게 많냐는 둥의 농담인지 진담인지 모를 말들을 하더니 평소 쓰시는 글을 보면 절대 저희를 외면하지 않으실 분이라면서 칭찬과 협박 사이를 오간다. 그러곤, 한마디. "작가님! 우리 편 맞죠?"

그 단체와 나는 열에 아홉은 맞았다. 사람이든 단체든 지향점이 이리 비슷하다면 서로 잘 통하는 사이일 것이다. 만나면, 긍정적인 에너지가 넘쳐날 거다. 하지만 그 기운 때문에, 맞지 않는 하나도 맞을 거라고 믿게 되면 지켜야 할 선을 넘는다. 넘고도 무덤덤해진다. 사람들이 결속하면, 친해지면, 끈끈해지면, 단결하면 좋은 일이다. 하지만 지나치면 다름을 그대로 마주하지 못한다. 확신이 과하니, '우리 편 아니었나?'라는 의심을 한다.

이 무례함의 시작은 역설적으로 자신들끼리의 친절함이었다. 서로가 통할 때의 좋은 감정에 고취되었고 그게 유지되길 희망한다. 여기서 그치면 다행이지만, 제어되지 않으면 희망은 폭력으로 변한다. 이런 '원팀'을 마주하는 개인은 무섭다. 이 무서움의 크기만큼 조직은 폐쇄적으로 진화한다. 왜냐하면 이견이 건강한 토론으로 이어지지 않는 곳에선 구성원들이 별 반응을 할 수 없기 때문이다. 수긍과 이탈이 전부다. 따져봤자 소용없기에 그냥 받아들이고, 말해봤자 소용없기에 왜 불편한지를 전혀 티내지 않고 떠난다. 그러니 조직은 성찰의 기회를 놓치고 더 괴물이 된다.

대한민국 곳곳에 있을 거다. 같은 동네 사는 사람끼리 뜻을 모아야 한다며 특수학교 반대를 외친다. 같은 아파트 사는 사람끼리 힘을 합치자면서 임대 아파트 반대를 외친다. 같은 학부모끼리 뭉쳐야 한다며 난민이 이 동네에 오는 걸 막자고 한다. 뭐, 이런 의견들이야 낼 수 있다. 하지만 끈적하게 뭉칠수록, 차별과 혐오의 단어가 쉽게 끼어든다. 장애가 벼슬이냐, 임대 아파트 사람은 불량하다, 난민 받아서 테러 발생하면 책임질 거냐 등의. 회사에서는 어떠한가. 같은 부서끼리 이해하자면서 문제를 외부에 알리지 말자고 한다. 내부 고발자라는 말이 본래 투철한 시민 정신과 연결되는 것인데, 왜 한국에서는 조직 부적응자의 뒤끝이나 인정받지 못한 자의 복수 정도로 해석되겠는가.

정치는 너무 끈끈해서 편 가르기가 일상이다. 정치는 무엇이 옳은지에 대해서 공감대가 있는 사람들끼리 뭉치는 것이 시작이다. 하지만 그 뭉쳐짐이 주는 희열이 커지면 '우리는 옳다'라는 착각에 빠진다. 우리'도' 틀릴 수 있다는 게 유연성이어야 하지만, 우리'는' 틀릴 리 없다고 여기니 내부의 잘못을 굉장히 유연하게 해석한다. 내가 평소 A당의 정책을 일관되게 비판했다고 치자. 그럼 지지한다는 말을 한 적이 없어도 B당 지지자가 되어 있다. 그러다가 내가 B당 정치인을 어떤 이유로 비판하면 B당 지지자들은 이런다. "뭐야? A당 편이었어?"

우리 편이냐 아니냐를 묻는 곳은 늘 들떠 있다. 그래서 반성이 없다. 자신들끼리는 정이 많아서라고 하겠지만 한 걸음만 떨어져서 보면 패거리 문화와 다를 바 없다. 딱 한 걸음 떨어지는 거, 그 쉬운 걸 못한다. 서로가 너무 끈끈하다 못해 끈적해서다.

다정함의 민낯

　제주에 살았을 때, 서울에서 제주로 이사 왔다는 사진 작가의 강연을 들었다. 작가는 평화의 섬 제주가 좋아서 이주했다는 말을 100여 번은 뱉었다. 아름다운 가치를 추구하는 사람들과 다정하게 연결되어 선한 영향력을 행사하면서 살고 있는 현재가 너무 행복하다면서.
　다른 행사장에서 그를 만났다. 제주로 터전을 옮긴 예술가들이 이런저런 소감을 말하는 강연이었는데, 나도 꼴에 작가라고 거기에 끼였다. 대기실에서, 그때 강연 잘 들었다면서 인사를 건넸고 잡담을 이어갔다. 제주로 와서 무엇이 좋냐고 묻길래 4·3을 제대로 공부한 게 최고라 했다. 그가 사는 곳이 빌레못동굴 근처라, 거기서 토벌대가 서너 살 아이의 다리를 잡아 바위에 메쳐 죽게 했다는 생존자의 증언을 전하면서 말이다. 그가 평화의 섬이라는 말을 강조하지 않았다면 절대로 하지 않았을 말이다. 게다가 스스로를 다정하다고 하지 않았는가. 하지만 돌아오는 말은 날카롭다. "왜 어두운 이야기만 해요?"

종종 마주한다. 제주로 이사 온 여러 가족끼리 모여 아이들과 함께 책 읽고 토론하는 자리에서 내가 4·3을 주제로 정했을 때도 이와 비슷한 분위기였다. 나는 아이들이 편견 가득한 어른이 되기 전에 다행히 제주로 와서 4·3에 대해서 제대로 접하는 걸 무척 다행이라고 여겼지만, 보호자들의 반응은 싸늘했다. "꼭 부정적인 이야기를 하셔야 할까요?" 참고로 그 모임의 모토는 '항상 긍정적인 자세로 공부하며 다정하게 사람을 대한다'였다.

제주를 평화의 섬이라고 일컫는 건, 절망의 역사를 지녀서다. 1271년, 결사 항전을 위해 제주로 들어온 삼별초는 사람들을 끌고 가 토성과 돌성을 쌓게 했다. 여몽연합군의 삼별초 제압(1273년) 이후 제주 사람들은 원나라 직속 지배를 받는다. 삼별초를 도왔으니, 어떤 대우를 받았겠는가. 100여 년을 시키는 대로만 살았다. 하지만 원나라가 망하고 또 다른 운명이 찾아온다. 명나라에 바칠 말을 가져오라는 고려 조정의 지시를 제주에서 말을 키우고 관리하던 원나라 사람들이 거부하자 고려는 명나라에게 충성을 보여주고자 최영 장군에게 강제 진압을 명한다. 이게 '고려판 4·3 학살'로 불리는 목호(牧胡)의 난(1374년)이다. 냉전 시기, 철저한 반공 의지를 드러내 미국에게 인정받아야만 했던 이승만이 이름도 살벌한 '초토화 작전'으로 제주를 피로 물들게 했었는데 573년 전에 같은 일이 있었다. 난은, 잔인하게 제압되었다. 목호는 말 기르는 몽골인들을 가리키지만 이들만 죽지 않았다. 수많은 제주도 사람들이 떼죽음을 당한다. 전함 314척을 끌고 온 최영 장군은, 100년간 몽골 사람들에게 협력하며 살아갈 수밖에 없었던 섬사람의 운명을 이해하지 않았다. 그때의 비명은 지금도 말고기 육포, 빙떡, 상애떡(상화병) 등 제주 속 몽골의 흔적에 배어 있다. 괜히 목호의 난을 '삭제당한 역사'라고 하겠는가.*

이후 제주는 동네북이었다. 조정에 세금을 바치기 위해 존재하는 섬이 되었다. 전복 따다가 죽고 전복 따기 싫어서 도망가곤 했다. 급기야 조선 중기에 이르러 인조는 출륙 금지령을 내리는데(1629년), 무려 200여 년간 지속된다. 괜히 제주어

---

* "삭제당한 역사 '목호의 난', 피비린내 나던 1374년 그날의 제주", 〈경향신문〉, 2019. 2. 24.

가 일반적인 지역 방언과 결이 다른 게 아니다. 일제강점기에는 그들의 중국 침략 야욕에 따라 비행장, 격납고를 만들어야 했다. 특히 일본은 패망 직전, 미군이 어디를 거쳐 일본으로 상륙할지를 예의 주시했는데 제주도는 본토가 아닌 곳에서는 유일했다(결7호 작전). 사람들을 끌고 가 주로 해안가 절벽에 진지 동굴을 곳곳에 만들었다.

그리고 4·3이 1948년에 발생한다. 4·3의 발단은 1947년 3·1절 기념식이다. 아이를 치고 지나간 기마경찰에 항의한 도민들을 제압하고자 경찰은 총을 발포했고 여섯 명이 사망했다. 강점기 때 친일파였던 인간들이 다시 경찰이 된 것도 화날 노릇인데 그들이 사람을 죽였으니 민심이 어찌 폭발하지 않았겠는가. 도민들은 학교 포함 관공서까지 참여하는 총파업을 실시하며 강력히 저항했다. 주동자들은 잡혀가 모진 고문을 당했고 몇 달 사이 세 명이나 죽었다.

제주도 사람들의 감정이 어떠했을까. 도대체 제주가 뭐길래 수백 년을 처참하게 당해야만 하는지를 묻지 않을 수 없었을 거다. 겹겹이 쌓인 억울함은, 더 이상 참지 않겠다는 결의로 불쑥불쑥 튀어나왔을 거다. 남로당의 궐기는 이 분위기를 이념적, 정치적으로 이용하면서 촉발되었다. 많은 도민들이 그들을 숨게도 해주고, 그들에게 주먹밥도 만들어주곤 했다. 그 죄로, 다 죽었다. 그 죄로, 다 불탔다. 중산간 지역의 마을이나 사찰을 가보면 '4·3 때 다 전소'라는 설명이 예외 없이 적혀 있는 이유다. 평범한 산책길 옆이나 도심 한가운데서도 유적지 팻말을 발견할 수 있는데 내용은 단순하다. '여기서 민간인 수백 명 학살.'

6·25가 발발하자, 국군은 예비 검속으로 죄 없는 사람들 수백 명을 끌고 가 처형하고 매장한 후 은폐한다. 6년이 지나서야 유해를 찾은 유족들은 누구의 뼈인지 알 수 없는 슬픔을 백조일손(百祖一孫)이란 말로 세상에 남긴다. 한날한시에 죽은 100여 명의 사람이 서로 엉켜 누가 누구인지도 모르지만 무덤도 같고 제사도 같이 치르기에 그 자손은 하나라니, 결코 기뻐하며 읽을 수 없다.

그래서, 평화의 섬이다. 그럼에도, 살았기에 평화의 섬이다. 제주에 도둑이 없었다는 말은, 모두가 도둑이 될 만했음에도 그러지 않음에 대한 표현이었다. 몇 해만 일이 꼬여도 자포자기하는 게 인간인데, 제주는 늘 침략과 수탈 그리고 학살의 공간이었단 말이다. 비극의 시간이 외부로 알려지지도 않았다. 4·3 때 무작정 끌려가 사형당했던 이들에 대한 무죄 선고는 2020년 이후에야 이루어지고 있다. 죽은 이의 아들과 딸이 노인이 되어 재판장에서 눈물을 흘린다. 아직도 목호의 난은 국가가 반란을 잘 평정해 고통받는 제주도민을 최영 장군이 구해준 걸로 기록되곤 한다. 이 외면의 역사가 징글징글하지만 그럼에도, 살았다.

절망의 역사가 너무 깊으면, 쉽게 공론화되지 않는다. 국가 폭력이 잔인할수록, 이념 대립이 격렬할수록 역사는 약자를 외면했다. 하지만 평화의 섬이라면서, 침묵하자면 의아하다. 긍정적이고 다정하게 살겠다면서, 따지지 말자면 황당하다. 그 작가에게 평화란, 조용하고 공기 좋은 시골 동네였다. 그 모임에서 긍정이란, 비판적인 접근을 싫어하는 거에 불과했다. 문제없는 말, 듣기 좋은 말만 오고 가니 서로는 늘 아껴준다. 서로만.

다정함의 민낯, 긍정의 배신, 친절함의 역공이다. 이게 나쁘다는 게 아니라 밑도 끝도 없이 좋은 단어만 나열하면, 필시 무엇을 짓누른다. 다정한 사람이 좋다, 다정한 글쓰기가 좋다는 식에서 멈추지 않는다. 이왕이면 좋은 쪽으로 이야기하자, 장점만 말하자, 비판적으로 글 쓰는 건 도움이 안 된다, 꼭 저런 말을 해서 다른 사람을 불편하게 해야 하나 등으로 확대된다. 제주만의 모습이겠는가.

사회 문제를 따지면
사회성 없는 사람인가요?

첫째 아이는 말이 늦었다. 나는 'ㅇㅇ개월 언어 발달', 이 검색어를 매달 입력하면서 부모가 할 수 있는 모든 방법을 찾았다. 만 2세, 만 3세가 넘어서는 언어 발달 기관들을 찾아다니느라고 비용도 시간도 많이 들였다. 말 잘하는 아이들이 부러웠던 건 당연했다. 하루는 식당에서 옆 테이블의 첫째 또래가 부모와 유창한 대화를 주고받기에 슬쩍 우리 상황을 말하면서 부럽다고 했다. 조언을 듣고자 함이 아니라 '때가 되면 다 하는 거죠'라는 식의 위로나 받고자 하는 심정에서였다. 하지만 이런 대답이 돌아왔다. "저희는 동화책을 많이 읽어줬으니까요!"

동화책은 우리 부부처럼 답답했던 사람들이 더 읽었을 거다. 노력은, 노력의 결실이 없을수록 더 배가됐다. 부모 '탓'이라는 분석이 넘쳐나는 세상이라 더 그랬다. 하지만 주변에선 내가 무엇을 하는지도 모르면서 늘 '자기처럼' 해보라는 말들만 넘쳐났다. 어릴 때 사회성 교육을 제대로 못 받아서 그런 거라는 선을 넘는 훈계도 거침없었다. 그 사회성, 이런 거였다. 목욕을 같이 했고, 어린이집을 일찍 보냈고, 주말마다 외출했다 등등. 설마 안 했겠냐고 따져본들, 사과는커녕 "그런데 왜 말을 못해?" 수준의 빈정거림이 이어졌다. 한국에서 사회성은 이런저런 관계 맺음이 필요하다는 진심 어린 조언으로서가 아니라, 이런저런 관계도 안 맺었으니 저 모양이라는 낙인의 근거로 활용된다. 사람을 함부로 대하는 태도야말로 사회성이 빵점인데 말이다.

신문을 넘기다가 육아 상담 형태의 기사를 본 적이 있다. '아이가 부모와는 잘 놀지 않는데 혼자서는 기차 하나만 쥐여주면 몇 시간이나 집중한다. 혹시 사회성이 부족해서 이런 거 아닌지 걱정된다'는 질문에 전문가는 연령에 맞는 놀이가 있으니 걱정 말고 괜한 부모 욕심으로 아이 힘들게 하지 말라는 지극히 상식적인 내용의 답을 했다. 그러면서 부모가 아이의 사회성 발달의 토대를 키우기 위해 할 수 있는 것들을 가볍게 다루며 글은 마무리됐다. 누가 보더라도 글의 핵심은 아이의 일

거수일투족을 사회성 기준으로 이러쿵저러쿵 말하기 시작하면 끝도 없으니 그냥 잘 놀아주라는 거였다. 하지만 기사의 제목은 '까꿍 놀이 해도 사회성 기를 수 있다'였다.*

그런 내용이 있기는 했다. 머리를 빗겨주는 시간에 거울을 보며 노래를 부르거나, 로션을 바를 때 서로 코에 묻혀보고 간지럼을 태워보거나 등등의 방법이 제시는 됐다. 어디까지나 부모가 해야 될 일상적 자세에 관한 팁이었지, 사회성 교육은 별거 없다는 취지는 아니었을 거다. 하지만 '까꿍 놀이 해도'라는 제목은 누군가의 편협한 시선으로 이어질 수 있다. 이를테면 "사회성? 그거 까꿍만 해도 되는 건데, 그게 부족하다고? 부모는 도대체 뭘 한 거야?"라는 식으로 말이다. 이 확신은 어떤 아이가 말이 늦은 건 부모가 동화책도 안 읽어줘서 그런 거라는 상상력으로 이어질 거다. 한국에선, 사회성이라는 말이 많아질수록 모든 게 다 개인의 책임이 될 뿐이다.

그래서일까? 사회성이란 말의 가벼움만큼, 사회라는 말은 참으로 납작하다. 그 중요하다는 사회성의 '사회'를 진지하게 말하면 어찌 될까? 한 번이지만, 제법 충격적이어서 영원히 잊

---

* "[우리 아이 이럴 땐 어떻게?] 부모와 함께 노래하거나 '까꿍 놀이' 해도 사회성 기를 수 있죠", 〈조선일보〉, 2022. 9. 2.

지 않을 경험이 있다. 나는 평소대로 강연했다. '일상 속 차별과 혐오의 씨앗들'이라는 주제로. 내 책의 사례를 언급하며, 한국 사회의 민낯을 직시해야 하는 이유를 우회로를 택하지 않고 정공법으로 전달했다. 모든 차별과 혐오라는 열매는 그것에 동조하는 '우리들'이란 씨앗임을 잊지 말자면서, 사회의 어떤 분위기가 우리를 괴물로 만드는지를 늘 의심하고 비판하자며 마무리했다. 제일 먼저 손을 든 그 사람은 피식피식 웃으며 말했다. "오찬호 씨는 뭐랄까, 굉장히 파이팅이 넘치네요. 혹시 화났어요?"

나는 이 빈정거림의 연료를 잘 안다. 저 정도의 수위는 평생 한 번 경험했지만, 저보다 낮은 단계의 비슷한 말은 종종 접했다. 개인에게 동기 부여를 해주는 서사가 너무나 쉽게 감동으로 이어지는 곳에서 사회 구조 어쩌고의 이야기는 모호하다, 추상적이다 등의 표현과 곁들여져 뜬구름 잡는 이야기로 평가받는다. 감동 서사의 빈도가 잦고 강도가 강한 곳에서의 사회 비판은 자기가 대단한 줄 아나봐, 왜 가르치려고 하는 거지 등의 말을 들을 각오로 해야 한다. '진지충'은 어떠한가? 진지했다고 벌레가 되는 놀라운 세상이다. 모든 진지함에 적용되면 공정하기라도 할 거다. 부동산으로 부자 되는 법, 주식으로 경제적 자유인이 되는 법 등은 아무리 장황한 설교라 할지라도 조롱받지 않는다. 오직 사회적인 고민만이 '선비 납셨네!'라는 비웃음을 살 뿐이다. 거기에 물러서지 않고 우리가 왜 사회에 관심을 가져야 하는지를 계속 말하다 보면 당신은 이런 말을 들을지도 모른다. "거 참, 사회성 되게 없네."

구수한 경상도 사투리는
존재하지 않는다

1978년에 대구에서 태어나 살다가 2003년에 서울로 갔다. 강의실에 들어오신 교수님이 문쪽에 앉아 있던 내게 책 하나를 주시면서 포스트잇으로 표시한 걸 인원수대로 복사해 오라고 하셨다. 복사실로 달려가, 설명했다. 여기에서 여기요, 이 페이지에서 이 페이지까지요, 이 면은 여기부터, 요기는 요거 좀 가려주세요 등등으로. 복사실 사장님은 빤히 나를 쳐다만 보고 계셨다. 그 적막감의 이유는 무엇이었을까? 사장님은 말하셨다. 평생 기억할 수밖에 없는 물음이었다. "귀국하신 지 얼마 안 되셨나 봐요. 일본에서 오신 거죠?"

대구에서 언어를 배웠다. 그 말투가 경상도 사투리라는 걸 대구를 떠나기 전까지는 특별히 느껴본 적이 없다. 다 그렇게 말했으니까. 서울의 한 대학원에서 석·박사 취득까지 9년을 다녔다. 그 9년간 내 말투를 낯설어하는 사람을 늘 마주했다. 후배일 때는 선배들이 신기해했고, 선배일 때는 후배들이 "경상도 출신이세요?"라면서 말을 걸었다. 나는 묻지 않는 말이었다. 나는 살면서 한 번도 "서울 출신이세요? 말투가 그래서요"라고 말한 적이 없다. 그 잣대로 대화에 끼어들고, 대화를 끊고, 대화를 이어가려는 사람은 언제나 표준어를 쓰는 사람들이었다.

소수인 나는 다수의 무례한 요구에 늘 노출됐다. 특정한 발음을 해보라는 경우가 가끔 있었다. 예를 들면, '쌀'이나 '블루베리스무디' 같은 거였다. 내가 아무 생각 없이, 그러니까 평생 해왔던 대로 입을 떼면 사람들은 키득거렸다. 코앞에서. 표준어를 구사하는 그들은 자신들에게 허락된 유희를 즐기는 것 같았는데 나는 도대체 무엇이 웃기는지 알지를 못했다. 그저 위세에 눌려, 아무 말도 할 수 없었다. 몇 번 반복되면, 의도가 짜증이 나니 억양을 억지로 숨기고 건조하게 발음을 하게 되는데 그때는 또 사투리로 한번 들려달라면서 짓궂게 부탁하기도 했다.

이후 9년을 더 서울에서 살았다. 나는 서울 시민이었지만 늘 "아, 그 경상도 사투리 쓰는 사람?"으로 기억됐다. 서울에서 나고 자란 내 아이가 가끔 부모 말투를 사용하면 유치원에서든 학원에서든 화제가 됐다. 그게 전혀 다른 언어를 사용하는 방언 수준이라면 약간의 주의가 필요할지 모르나, 단순히 억양만으로도 주목을 끌었다. 남들이 억양을 올릴 때 내리는 것만으로도 아이는 어떤 식으로든 언급됐다. 겉으로는 '신기하게' 다뤄졌지만 속내는 '어쩌다가'라는 뉘앙스가 다분했다.

별 큰 문제도 아닌데, 왜 이리 심각하냐고 따지는 사람이 있을 것 같다. 사투리 덕택에 상대의 관심을 받고 서로의 서먹함을 깰 수 있다면 그게 또 장점인데, 괜한 트집 잡을 필요가 있냐면서 말이다. 그런데 서울 사람들이 '그렇게 못하는 걸' 단점이라고 하는 소릴 들어본 적 있는가? 사투리를 쓰지 않는 누구도 남의 사투리 구사능력을 부러워하지 않는다. 사투리가 귀엽다고? 그런 품평이 허용되니 이런 결과를 마주한다. 혹시, "나는 사투리를 쓰는 사람이 그냥 싫어"라고 말하는 사람을 마주할 때의 황당함을 아는가? 눈앞에서 말이다. 다짜고짜 말이다. 가끔 방송에 나갈 때마다, 나는 밑도 끝도 없이 그냥 내 말투가 싫다는 댓글을 여지없이 만난다. "나는 표준어 쓰는 사람이 이유 없이 싫어"라고 말하는 사람은 없는데 말이다. 있다 한들, 미친 사람 취급을 당하지 않겠는가.

말투가 다른 건 그냥 다른 거지만, 우리는 표준어를 기준 삼아 다른 걸 특별하게 취급한다. 나는 작가 소개를 받으면서 "구수한 경상도 사투리로 유명한"이라는 민망한 수식어를 곧잘 듣는다. 좋은 의도였을 거다. 하지만 저 '구수하다'는 표현은 투박한, 거친, 우락부락한 등의 느낌으로 쉽게 진화한다. 나는 대구 사람들이 자기들끼리 대화할 때 "우리 말투가 구수하지"라면서 서로를 품평하는 걸 들어본 적이 없다. 그러니 저 해석은, 표준어 쓰는 사람이 자신의 낯섦을 에둘러 표현한 어색한 예의일 뿐이다. 나는 표준어를 쓰는 사람에게 별다른 부연 설명을 하지 않는데, 내 언어는 누군가의 귀에 '특별하게, 그러니까 이상하게' 들리기에 자꾸만 이러쿵저러쿵 이야기가 이어져간다.

수도권에 전 국민이 다 모여 100년쯤 산다면 사투리도, 표준어라는 명칭도 사라질 것이다. 있을 수도 없는 일이지만 있어서도 안 될 일이다. 언어는 고정돼 있는 게 아니라는 것, 그래서 '한 나라의 모든 사람이 똑같은 억양을 지니는 게' 더 오싹한 거라고 이해함이 맞을 거다. 정확히 따지자면 지역 언어가 먼저 있었고 표준어는 이후 등장했다. 이탈리아가 피렌체를 중심으로 한 토스카나 방언을 표준어로 정한 건 1800년대 중반이다. 왕국이 통일되면서 단일 표준어가 중요해지니 단테나 보카치오 등 유명인들이 사용해서 언어적 위상이 높았던 지역

방언이 '표준'어가 된 것이지, 나머지 언어가 무슨 표준 미달이겠는가.

우리나라도 일제강점기였던 1912년에 표준어의 필요성이 제기되었고 조선어학회의 조선어 맞춤법 통일안은 1933년에 제정되었다. 그러니까, 아직 100년도 지나지 않았다는 거다. 표준어가 있고, 여기에서 괴상해진 게 사투리가 아니라는 거다. 여러 사투리를 통일하면서 표준어가 정해졌을 뿐이다. 사투리의 뜻은 지역의 말투 정도인데, 이 어원을 '서투르다'에서 억지로 찾는 경우도 있다. 언어를 표준과 비표준, 정상과 비정상으로 보니까 가능한 가설일 거다.

표준어를 사용하지 말자는 게 아니다. 표준어 사용하지 '못'했다고 동물원 원숭이 취급을 받는 게 시민 사회의 모습과 어울리지 않다는 거다. 최근에는 사투리를 노골적으로 싫어하는 사람이 꽤나 많아졌다. 지방에서 상경한 서울 사람이 아닌, 태어날 때부터 서울 사람인 경우가 과거에 비해 훨씬 많아지고 있어서일까? 전체 인구 대비 수도권 인구 비중이 1970년에는 30%가 되지 않았는데 지금은 50%가 넘으니 사투리를 어색해하는 쪽이 커진 건 사실이다. 그렇다고 싫어하는 건 말이 안 된다. 그 다음을, 함부로 대해도 괜찮다는 우주의 기운이 언젠가부터 있지 않았겠는가?

저는 제 MBTI를 모릅니다, 앞으로도요

올림픽 여자 탁구 단체전을 중계하는 해설자가 한국 선수들의 MBTI 세 자리가 같다는 말을 너무 자주 한 게 머릿속에 남아 있던 날이었다. 반은 농담조였으나, 반이나 진지하게 들려서 그랬나 보다. 선수들과의 자유로운 토크 인터뷰나 비하인드 영상에서나 등장할 이야기를 지상파 해설자가 하는 건 분명 짚어야 할 문제라 생각했다. 그래서 강연 중에 조금 언급했다. 과학적이지 않은 심리 검사가 지나치게 언급되는 한국 사회를 비판했다. 무엇 때문에 한국인들은 MBTI에 과몰입하는지 짚어볼 필요가 있다고 했다. 이런 질문을 받았다.
"무슨 근거로 MBTI를 부정하죠?"
나는 대학에서 강의를 시작했던 2007년도부터 MBTI 현상을 늘 비판했다. 학생들은 호기심 있게 듣곤 했다. 모두가 검사를 잘 알고 있었으나 몰입도나 활용도가 과하지 않을 때였다. 지금은 어떠한가. 검색창에 'MBTI별'이라고 치면 온갖 연관 검색어가 드러난다. MBTI별 직업, 이상형, 운동, 도서, 여행, 동물, 잠자리 등등. 유형별 반응을 구분하는 게 습관이 되었다는 거다. MBTI 유형별로 무엇을 연구했다는 논문도 많다. 과거와 분명 달라졌다. 너무 진지해졌다. 잘 모를 때는, 성격 달라도 친구는 친구 아니냐고 했는데 지금은 처음부터 따져보고 친구가 된다.* 이런 과몰입을 해외 언론까지 걱정한다.**

  MBTI 비판하면, 왜 비판하는지는 아무도 듣지 않는다. 꼭 비판을 해야 하냐는 식으로 쳐다본다. MBTI 별로 안 좋아한다고 하니, 꼰대냐고 빈정대는 경우도 있다. 모른다는 내게, F냐? T냐? I냐? 등등을 물어보는 게 꼰대의 전형적인 행동인데 말이다. MBTI가 기본 값이 되니, 나도 설명을 길게 해야 한다. 메르베 엠레(Merve Emre)의 저서 《성격을 팝니다: MBTI의 탄생과 이상한 역사》(이주만 옮김, 비잉, 2020)가 친절한 답이 될 듯하다. *The Personality Brokers: The Strange History of Myers-Briggs and*

---

*   "10·20세대 84%, 친구 사귈 때 MBTI 본다", 〈연합뉴스〉, 2023. 3. 29.
**   "How Koreans fell in love with an American World War II era personality test", 〈CNN〉, 2022. 7. 27.

*the Birth of Personality Testing*이라는 원제처럼, 어느 순간 사회 전체가 성격 검사라는 브로커에게 당하고 있는 건 아닐까? 나는 〈한국일보〉의 '사회 탓이 어때서요'라는 칼럼 코너에서 이 책을 소개했는데, 전문을 옮긴다.

마이어스-브릭스 유형 지표(Myers-Briggs Type Indicator)를 뜻하는 MBTI는 원래 BMTI였다. 이사벨 마이어스는 검사의 시작이었던 어머니(캐서린 브릭스)의 성이 앞에 오길 원했다. 하지만 어머니가 평생을 몰두하고, 딸이 16년간 미국 교육평가원(ETS)으로부터 전문성을 인정받기 위한 노력이 물거품이 되면서 운명은 달라진다. 1975년에 판권을 산 출판사는 대중성을 목표로 내용을 간결하게 수정한다. BM도 '배변 활동'(Bowel Movement, 바울 무브먼트)이 연상된다는 이유로 MB가 된다. 발명자의 손을 떠난 1980년대 이후 MBTI는 하나의 현상이 되었고 한국에는 이력서에 유형을 기재하라는 곳까지 있다.

《성격을 팝니다》는 책의 부제(MBTI의 탄생과 이상한 역사)로 요약한 주제를 충실히 설명한다. 저자 메르베 엠레는 거의 한 세기에 해당되는 MBTI의 역사를 팩트로 촘촘히 연결해 현상을 추동하는 사회적 힘을 증명한다. MBTI 비판은 비전문적이라는 게 큰 얼개지만 모녀는 죽을 때까지 자신들의 검사가 가볍게 사용되는 걸 경고했다. 어머니는 심리학자 칼 융과 해롤드 머레이와 부단히 소통했고 딸은 결실을 얻고자 동분서주했다. 그만큼 진심이었다는 것인데, 그 열정은 어떻게 가능했을까?

1900년대 초 미국은 산업화의 부흥 속에 자녀 교육의 목표가 뚜렷해진다. 내 자녀가 관리자가 될 성격인가를 묻는 추임새가 흔해질수록 여성들의 육아 부담은 커졌다. 똑똑한 경력 단절 여성 캐서린은 똑똑한 엄마가 되고자, 어떤 유형이 인재상인지를 고민했다. 작은 행동 하나에 얌전하냐, 활발하냐 등의 해석이 붙기 시작했다. 캐서린은 자신의 집을 '무한한 육아 실험실'로 부르며 비슷한 처지의 여성들과 바람직한 아이 성격을 찾으려고 지속적으로 토론했다.

MBTI는 전쟁과 냉전 시기를 거치며 구체화된다. 당시는 심리 검사가 대유행이었는데, 히틀러 심리 분석은 늘 언론의 토픽이었고 정보국은 첩보원 선발에 이를 활용해 입이 가벼운 사람을 찾거나 상대 심리 유형에 맞추어 정보를 캐내는 방법을 고안했다. 분류라는 목적은 테일러주의에 기반한 기업 문화에 안성맞춤이었다. 표면적으로는 직무 적합도를 파악한다는 이유였지만, 노조 할 사람, 공산주의 선호자를 적

출하려는 속내가 있었다. 전문성 논란을 떠나 '자본가가 좋아하는' MBTI의 덩치는 커질 수밖에 없었다.

심리 검사가 '사회와 만나면' 결과는 오용된다. 책에 인용된 에리히 프롬의 말을 빌리자면 "유쾌, 건전, 적극적, 믿음직, 야심 찬" 등의 용어로 포장되길 원하는 개인들이 늘어난다. 테오도르 아도르노가 괜히 심리 검사를 "우리를 서서히 좀먹는 음흉한 술책"이라 비판했겠는가. MBTI는 탐욕이 본능으로 인정받는 대중자본주의와 함께 성장했다. 성공하고 싶으면 자신을 알라는 다그침이 없었다면, 지금처럼 유행도 비판도 없었을 거다.("'탐욕은 본능', MBTI 덩치를 키운 우리의 믿음", 〈한국일보〉, 2023. 4. 14.)

불안하니, 무엇이라도 알고 싶어서 심리 검사를 한다는 분석들이 많다. 그런데 내가 보기엔 불안은 심리 검사의 원인이 아니라 결과다. 사람 심리를 정형화된 틀로 알고 싶어 하는 세상에는 고쳐야 될 성격도 많다. 끊임없이 자신이 괜찮은지, 적절한지를 반복적으로 물어야 하는 시대다. 그래서 검사한다. 그럴수록 스스로를 부족하게 느끼는 사람들도 늘어나고 불안의 덩어리도 커진다.

심리 검사는 누구나 호기심을 가지고 참여할 수 있고 서로 비교하면서 '맞아, 맞아'라고 추임새를 넣으며 화기애애하게 이야기를 주고받을 수 있다. 그러나 '맞아! 맞아!' 추임새는 그 자리에서 그치지 않는다. 무의식 중에 내게 편한 사람과 불편한 사람을 빠르게 확인하고 투박하게 구분하는 습관으로 이어진다. 서로 마음 맞는 사람들끼리만 뭉치면 자기들끼리는 잘 산다고 믿겠지만, 인류 역사에서 그런 사회가 제대로 굴러간 적은 한 번도 없다.

너도 당해봐라?
참교육이라는 폭력

　　이스라엘 아데산야(Israel Adesanya)라는 격투기 선수가 있다. 세계 제일의 종합격투기 단체 UFC의 챔피언으로 적수가 없던 시절, 팬들은 과거 킥복싱 대회에서 아데산야를 두 번이나 이겼던 알렉스 페레이라(Alex Pereira)와의 대결을 희망했다. 그렇게 성사된 대결에서, 도무지 질 것 같지 않았던 아데산야는 5라운드 TKO패를 당한다. 도전자의 신분이 된 아데산야는 5개월 후 리매치에서 2라운드 KO승을 거둔다. 얼마나 이를 갈았는지, 바닥에 누워 정신 못 차리는 패자에게 아데산야는 (페레이라의 등장 퍼포먼스인) 활을 쏘는 듯한 격한 세리머니를 연거푸 한다. 그러더니 링 밖의 누군가를 손으로 가리키면서 옆으로 기절하는 시늉을 한다. 알고 보니, 울고 있는 페레이라의

아들에게 '너희 아빠 이렇게 기절했다!'라면서 조롱한 거였다. 사연이 있었다. 과거 아데산야 선수가 페레이라의 펀치에 쓰러졌을 때 그 아들이 링 위로 올라와 본인 앞에서 기절 흉내를 낸 적이 있었으니, 자기 딴엔 복수였던 거다. 기자 회견에서 자신은 소심한 사람이라 그랬다고 하자, 페레이라는 그땐 아들이 다섯 살이었고 지금은 달라졌다면서 '어른의 불필요한 행동과 비겁한 변명'에 불쾌감을 보였다. 그러자 아데산야는 '아빠가 지적하지 않았기에, 내가 했다'면서 입장을 굽히지 않았다.

국내 격투기 팬들의 반응은 어땠을까? 본인 스스로 비난받아도 어쩔 수 없다고 했을 정도로 명명백백 그릇된 '어른' 아데산야의 행동을, 한국 사람들은 충분히 이해한다며 두둔했다. 무례한 잼민이는 참교육이 답이라는 말들이 쉽게 등장했다. 사연이 어떠하든 아쉽다고 여기는 게 공동체의 바람직한 정서 아니냐는 이야기는 끼어들 틈이 없었다. '통쾌한 복수', '정의의 실현'이라는 추임새만 나부꼈다. 그러고 싶어도, 그러지 않는 게 더 큰 사회적 이득 아니냐는 댓글에는 이런 답이 달렸다. "선비 납셨네."

아이가 잘했다는 게 아니다. 하지만 '너도 당해봐라'를 허용하는 건 다른 문제다. 당사자의 인정과 사죄 그리고 상대의 용

서로 이어져야 하는 과정을 싹둑 잘라버린 어른의 행동에 아이가 교훈을 얻었다면 그건 어떤 것일까? 앞으로 그러지 않겠다? 뭐, 그럴 수도 있겠지만 추가될 하나를 보자. 나도 당하면, 똑같이 갚아줘야지. 이걸 가르쳐준 꼴 아닌가. 이 무시무시한 복수심, 과연 권장할 수 있을까? 이 문법에 기초한 폭력은 연일 뉴스에 등장 중이다.

층간 소음 때문에 사람을 죽인다. 이를 보고 이해가 된다는 사람이 있다. 차가 끼어들었다는 이유로 보복 운전을 하고 창문을 열고 욕을 한다. 이게 충분히 그럴 만한 상황이라는 사람이 많다. 이러니, 주차 문제로 말다툼을 하다가 여성을 두들겨 팬 남성은 '상대가 내 배우자를 건드려서' 그랬다고 당당하게 말한다.

그쪽이 잘못했으니 나는 때릴 수 있다는 정서를 정당한 복수라는 논리로 둔갑시키는 곳은, '정글'이지 사회가 아니다. 개인에게 복수할 권리를 허용하지 않는 건, 상대의 잘못이 명확하게 판별되는 게 아니라 주관적으로 정의되기 때문이다. 손님 갑질을 떠올려보자. 그 손님들, 자신들 입장에서는 정당하다고 생각한다. 객관적으로 기분 나쁜 상황이 발생했고, 되돌려주는 게 객관적으로 옳은 행동이라 여긴다. 다 주관인데 말이다. 대부분의 학교 폭력이 여기에 기초해 발생한다. 저 인간이 나를 험담했다. 그러니 나는 저 인간을 때려도 된다는 논리가 전부다. 자기들 딴에는 논리적이고 싶어서, 때리기 전에 꼭 묻는다. "맞을 짓 했지? 네가 잘못해서 맞는 거니 억울한 거 없지?"

이미 복수는 현실이 되었다. 참교육이라는 추임새가 남발하는 서사가 인기 콘텐츠가 된 지는 오래되었다. 사람들은, 얌체 주차를 한 차의 앞뒤를 다른 차들로 막아버리고 이를 공유할 정도로 떳떳하다. 함께 쓰는 주차장을 자기 것처럼 사용하면서 다른 이들을 배려하지 않는 무례한 차주를 누가 두둔하겠는가. 하지만 그 인간의 몰상식함을 응징하고자 사회적 합의로 구축된 선을 제멋대로 넘어가서야 되겠는가. 문명의 역사는 그 선을 넘지 않는 사람들이 많아지는 시간의 역사이기도 하다. 층간 소음 보복 스피커가 실제로 검색되고 판매되는 것도 마찬가지다. 층간 소음 유발자를 이해하자는 게 아니라 그런 대응이 슬기로운 마무리로 이어지지 않기 때문이다. 복수는, 더 큰 복수만을 불러일으킨다고 하지 않는가. 끝에는 '합법적인 총기 소지'가 있을지도 모를 일이다. 누가 층간 소음 시비를 걸면서 야구 방망이를 들고 문을 박살내고 있으면, 이를 막을 더 큰 무기를 찾는 건 당연하다. 총이 허락된다면, 구입하지 않을 이유가 없다.

상대가 명명백백 잘못을 한 경우라면 좀 아니지 않냐고 하겠지만, 어떤 사람도 그 잘못에 동일하게 반응하지 않는다. 상대가 누구냐에 따라 더 화를 낸다. 약자일 때 더 그렇다.* 이성 사이에 벌어지는 폭력이나 스토킹 등의 문제는 성별의 방향성이 뚜렷하다. 남성에서 여성 쪽으로 향한다. 이때도, 나도 저런 경우라면 화가 났을 거라면서 원인 찾기에 바쁜 사람이 있다. 그때 언급되는 그 경우 말이다. 이를테면 바람을 피웠다고 치자. 그게, 설마 한쪽 성별만의 유별난 특징이겠는가. 남자든, 여자든 누구나 그럴 수 있다. 그때, 한쪽은 문자로 욕 몇 번 하고 끝내는데 한쪽은 '그대로 갚아주겠다'면서 다른 행동을 한다. 심지어, '헤어지자고 했다'고 사람을 죽인다. 그 말 듣고 남자를 죽인 여자가 있던가? 이 성별의 차이는 간단하다. 남자는 여자가 무섭지 않기 때문이다. 보복 운전도 마찬가지다. 보복 운전 당사자들은 다 이유가 있다. 그런데 경차가 벤츠를 막아서 시비 걸고 트렁크에서 골프채 꺼내서 상대를 협박하는 걸 본 적이 없다. 물론 그 반대는 많다. 그게 더러워서 큰 차 산다는 사람이 어디 한둘이었던가.

---

* 이 내용은 《하나도 괜찮지 않습니다》(76~77쪽)에서도 같은 사례(교제 폭력, 보복 운전)로 다룬 바 있다.

그러니 더러워서 총을 소지할 만도 하다. 어차피 이성으로 대화가 불가능하다면 총으로라도 자신과 가족을 지켜야 하지 않겠는가. 이성이 통하지 않는 사회에선 괴물을 막을 더 강한 무기를 찾는 게 이성적이니까 말이다. 그리고 말하겠지. 정당방위였다고. 상대가 '총 맞을 짓' 했다고. 그러니 누구나 총부터 꺼내겠지. 정당하다면서. 참고로 그걸 자유랍시고 대단히 존중하는 미국에서는 매년 4만 5천 명이 총 맞아 죽는다.*

---

* 절반은 총기 자살이다. 이 역시 총이 흔한 것과 무관하지 않다.

4부

성공 아니면 실패라는 말들

"우리는 동류 집단에 뒤처지지 않아야 한다는
압박을 성공의 열쇠로,
더 나아가 행복의 열쇠로 혼동한다."

―엘리자베스 커리드핼킷, 《야망계급론》, 유강은 옮김, 오월의봄, 2024, 335쪽

운도 실력이라고?

　　프로 야구 원년 MVP 박철순 선수의 별명은 '불사조'다. 팀을 위해 몸을 혹사해 여러 부상에 시달릴 수밖에 없었지만, 포기하지 않고 1996년까지 선수 생활을 이어갔기에 따라붙은 별명이었다. 박철순 선수는 이에 대해 유튜브 방송에서 "어찌 되었든 프로야구 선수가 몸 관리를 잘못한 것이니 부끄러운 일이죠"라면서 씁쓸한 표정을 지었다(유튜브 채널 〈스톡킹〉, 62회). 정말 그래서가 아니라 그렇게 말하는 게 '부상도 실력'이라는 말이 난무하는 세계와 어울린다고 여겨서일 거다. 본인이니까 할 수 있는 소리지, 다른 사람이 이러쿵저러쿵한다면 얼마나 기가 찰 일일까?
　　아픈 것도 실력, 이 말은 너무 차갑다. 마음만 먹으면 온갖 질병을 떨칠 수 있다는 사람 앞에서 아무리 마음을 먹어도 아픈 사람들은 침묵한다. 누구는 더 자주 머리가 아프고, 누구는 더 자주 설사를 하고, 누구는 더 자주 습진이 도지는 게 바로 사람이다. 게다가 그 원인도 '신경성'이라는 모호한 원인인 경우가 얼마나 많은가. 인간의 면역력은, 통제할 수 없는 우연이 태아일 때부터 축적되어 형성된다. 같은 부모에게 태어나도 다른 게 사람이다. 사람의 건강 상태가 개인 노력의 총합만은 아니라는 거다. 하지만 어떻게든 사람을 평가해 분류하고 배제하는 데 익숙한 '능력주의 공화국'에선 아픈 것도 실력이라는 말이 대단한 명언처럼 부유한다.

 체력을 기르고 건강에 유의하는 생활 습관이 필요 없다는 게 아니라, 그 문법으로만 아픈 사람을 응시하는 게 해롭다는 거다. 아프거나 아프지 않거나, 다 사람의 운이다. 그리 생각하자는 거다. 평소에 꾸준히 운동을 해서 아프지 않다면, 평소에 꾸준히 운동을 할 수 있었던 운이 있었다고 생각하자는 거다. 개인의 의지를 완전히 무시한다는 게 아니라, 그 의지를 발현시키는 사회적 조건이 존재했음을 무시하지 말자는 거다.

 '성공은 운 때문'이라고 말하자는 움직임이 있다. 일반적인 성공 서사가, 사회에 더 나쁜 신호를 주는 것을 자각하자는 취지일 거다. 운이라고는 전혀 없었던 아무개의 피 터지는 투혼을 부정하는 게 아니다. 다만, 그런 초인의 모습이 존중을 넘어 무한 존경의 대상이 될수록 지금 이 순간에 피 터지고 있는 사람들은 계속 아파야 한다. 힘들다는 건 다 핑계라는 빈정거림이 그들을 늘 짓누르니까. 운 때문이라는 건, 진짜 운 때문인지 아닌지를 따지는 게 아니다. 불평등을 철저히 개인의 탓으로 귀결시키는 난공불락 능력주의의 속도를 조금이나마 제어하자는 성찰의 추임새다. 그런 방향이어야 하는데, 그런 것 같지만은 않다.

이 '운'조차도 기어코 노력 담론으로 연결하려는 이들이 왜 없겠는가. 실력이 8은 되어야지만 운이 따라붙어서 10이 된다는 거다. 애초에 4인 사람에겐 그런 운 자체가 오지 않고, 온다 한들 4에서 2를 더해봤자 6이 최대치니 평소에 노력해 8까지는 가 있자는 건데 결국 다 개인 문제라는 거다. 기회는 준비된 자에게만 온다는, 운 따위는 없다는, 세상에 넘쳐나는 그런 이야기로 귀결될 흐름일 수밖에 없다.

그럼, 실력 4와 8은 운의 개입 없이 벌어진 차이일까? 운을 기회의 유무 정도로 좁게, 그래서 인맥처럼 확연히 드러나는 속성으로만 이해하면 그럴 거다. 하지만 운은 훨씬 지독하고 또 정교하게 '사람 차별하며' 떠돈다. 성공은 운이었다고 생각하자는 사람들도, 운을 큰 탈 없이 공부할 수 있도록 도와주는 것 정도로 이해한다. 그래서 운 좋게 부모 잘 만났고, 우연히 서울에 살게 되었고, 다행히도 건강했기에 공부에만 집중하며 치열하게 경쟁할 수 있었다는 감사 표현을 드러내는 게 전부다. 나쁘지 않은 태도지만, 여전히 양보하지 않는 게 있다. 바로 공부다. 공부하도록 도와준 주변 요소는 인정하지만, 어찌 되었든 그 공부는 본인이 한 거고 본인의 성취고 본인의 업적이라는 건 변치 않는다.

절대 아니다. 공부를 지식의 습득이라고 보자. 이 지식은 절대로 평등하게, 사람 사이를 오가지 않는다. 특정한 이들에게 훨씬 친절하고 온화하다. 절대로 사람 주눅 들게 하면서 윽박지르지 않는다. 그러면서도 엄격하다. 혹시나 있을 지식의 작은 오류조차 철저히 검증하기에, 전달받는 사람은 배우는 그대로 성취할 수 있다. 어찌 동기 부여가 되지 않겠는가. 하지만 같은 지식도 누구에겐 좀 투박하게 전달된다. 그것도 모르냐면서 기를 꺾고, 굳이 자세하게 알 필요가 있냐면서 무안을 준다. 그 차이로 인한 결과는 운일까? 실력일까?

서울대학교 학생들은 남들과 똑같은 상황에서 더 노력했기에 더 똑똑한 것일까? 여기, 서울대 특강을 의뢰받고 평소와는 다른 행동을 하는 사람이 있다. 내 이야기다. 수도 없이 하는 강연인데, 더 설레었다. 더 의식했다. 하루 준비할 내용인데, 하루 더 준비했다. 한 번 연습할 분량이었는데, 한 번 더 연습했다. 나는, 더 잘하고 싶었다. 나는 다른 대학의 학생들을 차별한 적 없지만, 서울대 학생들을 분명 차등적으로 대하고 있었다. 이 불균등을 서울대 학생들이 알고 있을까? 이 차이가 불평등의 연료임을 인정하고 운으로 받아들일까? 그걸 또렷하게 전하고 싶었다. 인사말을 따로 작성하고 다듬었다. 〈경향신문〉 2023년 5월 1일 자 칼럼 전문이다.

서울대학교 강의 인사말
-2023년 4월 27일, SNU라이프아카데미 특강 〈우리 시대의 문제들〉

안녕하세요. '대학의 위기'를 주제로 강의를 하게 된 오찬호 작가입니다. 1~2년에 한 번씩은 서울대에 오는데, 매번 '서울대입구역'에서 학교가 엄청 멀다는 걸 잊어서 몹시 허둥거리네요. 버스 타는 줄도 항상 헷갈려요. 게다가 또 잘못 내려, 미로 공원 같은 캠퍼스를 헤매면서 강연 장소를 찾죠.
서울대가 불편한 건 이것만이 아닙니다. 비슷한 주제로 여러 번 강의를 했더라도, 여기에서라면 준비를 더 해야 한다는 압박을 받죠. 좋은 태도겠지만, 충분히 했는데도 또 합니다.

시급이 낮아지는 비효율적인 상황인 거죠. 저는 《진격의 대학교》를 출간하며 지겹도록 대학의 위기를 다뤘지만, 또 자료를 검토하고 왔어요. 다른 강연보다 확실히 '좀 더'요. 여기서부터 시작하죠.

여러분 앞에서 말하는 사람들은 이럴 겁니다. 서울대 타이틀을 지닌 이들을 만나는 누구라도 '더' 준비할 겁니다. 최적의 예시를 찾아 설명할 것이고 출처 확인도 꼼꼼하게 해 가장 양질의 정보를 제공하겠죠. 그럼에도, 꾸벅꾸벅 자는 학생을 마주하면 스스로를 탓할 겁니다. 다른 학교라면 '학생들의 수준이 낮은 것'이지만 서울대에서는 반대로 생각하죠. 누군가가 무례한 질문을 던져도 쉽게 발끈하지도 않을 겁니다. 사람은 실수할 수 있다 정도로 애써 이해해버리죠. 정리하면, 여러분은 언제나 더 많은 배려를 받는다는 거죠. 학업만 아니라 일상에서도, 지금까지는 물론 앞으로도.

이걸 '운'으로 여기는 이들이 있겠죠. 하지만 '보상'이라면서, 열심히 살았기에 누릴 수 있는 권리라고 당당하게 말하는 사람이 더 많을 겁니다. 개인의 타고난 기질일 리는 없고 주변의 공기가, 우주의 기운이 그러했을 겁니다. 노골적으로 말해, 한국에서 서울대라는 위치까지 오기 위해선 그렇게만 생각해야 하는 거죠. 동기 부여랍시고 떠도는 말들은 승자 독식 합리화나 마찬가지니까요. 남들보다 더 빨리, 더 많이 경쟁했겠죠. 그러면서 많은 것들을 차단했을 겁니다. 세상 모든 게 목표 달성에 도움을 주느냐 안 주느냐로 단순하게 정리되었겠죠. 그 결과, 서울대에는 삶의 궤적과 철학이 지나치도록 유사한 이들이 모였습니다.

엎친 데 덮친 격으로 대학은 학생들의 편견을 결코 고치지 않을 겁니다. 관성을 따지고 비틀고 흔드는 학문은 실용적이지 않다는 이유로 구조 조정되었습니다. 있더라도, 융합이나 글로벌 등의 현란한 키워드에 짓눌려 비판 학문 본연의 색깔은 무뎌졌죠. 산학 협동이라는 말도 이제는 어색하죠. 협동이란 표현이 적용될 정도로 '산학'은 평등하지 않아요. 몇 가지 메뉴로만 승부를 거는 음식점처럼 대학도 판매량에 따라 선택과 집중을 하죠. 여기서 아무리 토론을 한들 원래의 생각이 더 굳어질 것입니다.

운이냐, 보상이냐 하는 건 해석 차이일 뿐이겠지만 어느 쪽이 많냐에 따라 사회의 방향은 극과 극이겠죠. 한쪽은 불평등을 사회적 숙제로 보겠지만 반대쪽에선 경쟁의 결과라면서 지극히 개인적인 문제일 뿐이라고 납작하게 정리하겠죠. 특히 엘리트 집단이 '보상 회로'에 갇힐수록 양극화는 극단으로 치닫고 덩달아 경쟁의 수위도 높아져 괴물은 많아지죠.

물론, 본인은 모르죠. 그러니 제발, 당연하다고 생각하지 마세요.

이 운이 서울대에 가기 전에는 없었을까? 고등학교 때, 중학교 때 아니면 그보다 더 어릴 때부터 차곡차곡 쌓였을 거다. 한국인들이 '서울대 갈 만한 학생'을 어찌 균등한 태도로 대하겠는가. 서울대를 졸업한 후에도 운은 누적된다. 그 덕택에 성취한 것이 부당하다는 게 아니다. 그 결과를 '공정한 경쟁에 따른 정당한 보상'으로 포장할수록 차별과 혐오는 면죄부를 얻는다는 것을 잊지 말자는 거다.

사고육의 신께서
말씀하시니

주식이 오르면, 곳곳에 자기 계발 전도사가 넘쳐난다. 투자 결과는 인생 조언을 해도 되고 안 되고의 경계를 가르는 자격증이기도 하다. 재테크 전문가라는 사람의 강연 영상에서는 갑자기 버럭버럭 화를 내는 모습이 쉽사리 등장한다. 돈 잘 번다고 자랑만 하면 되는데, 꼭 주식 망한 사람의 특징을 거칠게 언급한다. 사지 말아야 할 주식을 공부도 안 하고 매수하더라 정도라면 자기들끼리의 이야기니 이해라도 하겠다. 재테크 실패한 사람들은 평소에도 엉망진창이라면서 언급되는 내용들은, 그저 평범한 사람들에 대한 혐오다.

 돈을 버니, 함부로 말한다. 모두가 자신을 우러러보고 있다고 착각하지 않고서야 불가능한 무례함이다. 주식뿐이겠는가.

부동산 투자로 경제적 자유인이 됐다는 아무개는 "언제까지 내 집 마련도 못하고 한심하게 살 거냐! 자식 보기에 부끄럽지도 않냐!"라며 화를 낸다. 자만심에 비례해 '부동산 투자 실패한 이들의 특징'도 아무렇게나 포장되어 부유한다. 빌라를 매매해서 그렇다, 아파트 평수에만 집착해서 그렇다 등등, 그저 평범히 살아가는 사람들을 무참하게 발가벗긴다. 기어코, 가난한 사람들이 어떠어떠하다는 편견을 덕지덕지 생산한다.

성공에 대한 욕망이 클수록 실패에 대한 업신여김을 정당화하는 것, 한국인들에게는 삶의 이치처럼 자연스러울 거다. 이걸 부정하면 '자격지심'이라는 꼬리표가 금방 붙는다. 무엇에 집중하는 건, 철저히 자신의 성장을 위한 것이지 누구를 비방하기 위함이 아니어야 하지만 현실은 오싹하다. 인간에게 수치심과 모멸감을 선사하는 사람이 오히려 인기가 있는 사회, 과연 상식적일까? 이 모욕의 크기가 클수록 아니꼽고 치사하고 더러워서 욕망의 늪에 빠져드는 사람도 늘어난다. 개중 운 좋은 아무개는 또 어디서 차별과 혐오를 무기로 자신의 성공담을 말하기 바쁠 것이다. 수많은 학원 강사들처럼.

유명 학원 강사의 인생 조언을 의지와 무관하게 들을 때가 있다. 스타 강사의 팩트 폭격, 일타 강사의 쓴소리 따위로 이름 붙인 짧은 동영상이다. 동기 부여, 자기 계발 등의 키워드를 검색한 적이 없어도 어떻게든 만난다. 누구에게나 유용하다고 여기는 보편적 알고리즘인지, 비판받을 지점이 없다고 인공지능이 인식해서인지 모르겠지만 그들의 연설은 시시때때로 다가온다.

구성은 동일하다. 마이크를 든 깔끔한 옷차림의 사람이 칠판 앞에 등장한다. 메시지는 흡사하다. 사례는 달라도, 한 번 사는 인생 모든 걸 걸어보라는 결론이다. 동반되는 에너지도 다르지 않다. 어질어질해질 정도로 다그친다. 쥐구멍에라도 숨고 싶을 정도로 혼낸다. 훈계의 근거는 "자신이 살아보니 알겠더라"는 진부한 추임새로 설명되지만, 부자인 그들을 꼰대라 하는 사람은 없다. 신(神)이 된 이들의 입에선 빈약한 강론이 흐른다. 국어, 영어, 수학 문제집 어디에도 사회의 불평등을 이해할 수 있는 문법이나 공식 하나 없지만 강사들은 '노력하면 다 된다'면서 으르렁거린다. 심지어 사회 강사가 사회 탓하지 말라는데, 게다가 당당하다. 사교육의 신들이 일치 단결하니 '모든 이들의 조건은 같다'는 이상한 평등론이 확장되고, 그 크기만큼 세상의 불평등은 개인의 몫이 된다.

좋은 의도였을 거다. 힘든 환경에서 살아가는 이들 중 한 명이라도 버텨주길 바라는 마음이었을 거다. 도움을 받은 한 명도 있을 거다. 인생사가 꼬일 대로 꼬이면, 자신의 삶이 사회의 부당함을 강력히 증명하더라도 '생각하기 나름'이라는 자세로 살아가는 게 유일한 탈출구니까 말이다. 불평등의 피해자였던 사람이, 강사의 호통에 성적 올리고 그 계기로 성장과 성공이 이어졌다면 멋진 일이다. 이를 어찌 자랑하고 싶지 않겠는가. 자신이 들었던 것처럼, 여기저기서 말하고 싶을 거다.

나약한 사람이나 세상 탓을 한다는 스타 강사의 철학은 이런 전교사들을 통해 세상에 전파된다. 이 집단은 복잡한 세상 이치를 늘 단순 명료하게 정리한다. 시험공부 할 때나 할 만한 다짐들을, 여러 사회적 차별들로 고통받고 있는 누구에게나 적용할 수 있는 보편적 법칙처럼 설교한다. 게다가 무례한데, 돈을 많이 번 학원 강사들이 지나친 자신감으로 세상을 냉소적으로 바라보는 걸 그대로 흉내 내는 꼴이다. 그러니까, 모든 것을 걸라는 강사들의 덕담은 모든 것을 걸 필요가 없었던 이들조차 누군가를 향해 '인생을 대충 사는 인간들은 실패하기 마련'이라면서 조롱하는 연료로 전환된다. 벼는 익을수록 고개를 숙인다는 말은 괜히 있는 게 아니다. 그저 착하게 살라는 게 아니라, 부자가 겸손하지 않으면 세상에 나쁜 철학이 진리처럼 부유하기 때문이다.

좋은 사회란, 바늘구멍을 통과한 '누구에게만' 주목해선 만들어지지 않는다. 바늘구멍을 넓힐 지혜와 한쪽을 개천으로 내버려 두지 않는 연대를 갖추는 동시에, 설사 개천일지라도 그게 개인의 굴레가 되지 않도록 편견을 깨야만 가능하다. 돈을 많이 번다고 세상의 복잡함을 한 단어로 설명할 줄 아는 현자가 되는 건 아닌데, 한국에선 된다. 그래서 이 글을 접하고 "그냥 부럽다고 해라"라면서 빈정거릴 이들이 많을 거다. 인생의 모든 것을 건 사고력은 이리 슬프다.

우물만 파다 보면

"어떻게 아이에게 햄버거를 먹이지? 우리 아이는 아홉 살인데 햄버거가 무엇인지도 모르는데."

햄버거를 먹고 신장이 망가진 아이의 부모가 진상 규명을 요구하는데, 그 뉴스에 달린 댓글이다.* 자화자찬은 생뚱맞고 빈정거림은 당당하다. 햄버거를 선악과로 여기는 사람은 많다. 좋은 음식, 좋은 부모, 좋은 육아, 좋은 생활 태도라는 다짐과 실천이 투박하게 부유하면서 밑도 끝도 없이 개인에게 책임을 묻는 자기 계발 시대의 대표적 현상이다. 그러니까, 삶을

---

* 여기서 언급한 반응은 《하나도 괜찮지 않습니다》(174쪽)에서 강박적 몸 관리의 사례로 제시된 바 있다.

대단히 열심히 살고 있다고 여기는 이들이 저렇게 날카롭다.

대학생들에게 '자신의 삶에 영향을 준 것들'이란 주제로 에세이를 쓰라고 하니, 자기 소개서에 익숙한 이들은 어떻게든 긍정적으로 스스로를 포장하는 버릇을 감추지 못한다. 해외에서 오랫동안 지내서, 1년 넘게 어학연수를 하면서, 몇 개월간 유럽 배낭여행을 해보았다는 둥의 말을 언급한 후 밑도 끝도 없이 '그래서' 세상 보는 눈이 넓어졌다고 한다. 우물 안 개구리에서 벗어났다고 말한다. 이들의 시선을 담은 책이 《우리는 차별에 찬성합니다》다. 견문이 넓다는 자가, "공부 못했으니 비정규직이지"라고 했다. 세상에는 다양한 사람이 산다는 걸 느꼈다는 이가, "경쟁력 없으면 도태되는 거지"라고 했다.

그 좋다는 경험을 아무나 할 수 있는 건 아니라는 간단한 질문만으로도 불평등의 본질을 어렵지 않게 이해하겠지만, 특별한 경험을 지속하는 집단에는 존재하지 않는 의문이다. 주위 누구나 그렇게 살기 때문이다. 비슷한 지역과 학교에서 성장하면서 동일한 삶의 궤적을 거쳤으니 말이다. 생애가 우물에 갇힌 꼴인데, 이 공간에서의 성장은 우물 밖으로 나가는 게 아니라 땅을 더 깊게 파는 형태다. 비슷한 경로로 대학을 가고, 취업을 한다. 취미도 비슷해지니 더 외부와 단절된다. 우물이 깊어질수록, 성공한다. 깊어졌으니, 세상 보는 눈은 좁아져 타인의 삶을 함부로 재단한다. 그들이 엘리트라는 이름으로 세상을 만들어가며 말한다. 누구나 시험을 칠 수 있으니 기회는 평등한 거고, 부정행위가 없었다면 공정한 거고, 그 결과에 토달지 않는 게 정의로운 거라고.

그런 시험이 있기나 할까? 《우리는 차별에 찬성합니다》는 출간된 지 10년이 지난 책이지만, 아직도 이 맥락이 일상 속에 어떻게 압착되어 있는지를 발표한 학생이 생각난다. 여기저기 취업 면접을 보러 다니며 느낀 경험이었는데, 면접관이 함께 앉은 지원자들의 학교 이름을 언급할 때 그 빌어먹을 대학 서열표에 따라 우월감과 열등감 사이를 순식간에 오가는 감정을 솔직하게 말했다. 자신 학교보다 위의 학교가 등장하면 초조해지고, 아래의 이름이 등장하면 청심환을 먹은 것처럼 여유가 생기더라는 거다. 그리고 덧붙였다. 긴장하니 아는 것도 실수하고, 침착하니 모르는 것도 자신감 있게 대답하더라는. 떨지 않으니 합격하고, 조마조마하니 불합격한다.

이 경험은 편견으로 이어진다. 자신이 보았던, 그렇고 그런 대학을 다니는 학생들의 멍청한 모습과 역시 자신이 보았던 명문대 학생들의 수려한 언변은 '아, 저래서 그렇구나'라는 추임새가 곁들여지면서 오랫동안 기억된다. 그 끝에, 능력에 따른 차이는 어쩔 수 없고 그걸 구분하는 건 차별이 아니라는 논리 구조가 형성된다. 이를 바탕으로 툭툭 내뱉는 일상 속 말들이 여론이 되면, 능력주의가 민주주의를 증명하는 것처럼 포장된다.

이 문제의 해결책으로 늘 등장하는 게 블라인드 테스트다. 편견을 유발하는 요소들을 숨기고 정정당당하게 겨루자는 취지일 거다. 학교 이름부터 괴상한 스펙들까지 나열된 종이쪼가리는 찢어버렸으니 실력만 있으면 기회를 보장한다는 간단명료한 이치다. 그런가? 우열의 감정이 쉽게 오가는 면접장으로 다시 가보자. 학교 이름을 덮어버리면 편견은 배제되고 공정은 완성될까? 자신감과 자괴감을 결정하는 건 그날의 바이오리듬이 아니다. 생애 과정에서 차곡차곡 학습된 감정이다. 우물을 깊게 팔 때마다 들었던 칭찬과 격려가 자신감이 된다. 우물 안 개구리가 될수록 잘할 수 있다는 자기 확신은 커지고, 실제 잘하게 된다. 항상 잘하니, 실수는 실수로 인정받는다. 배려받으니, 무너지지 않는다. 반대는 어떠할까? 우물의 깊이가 그게 뭐냐며 욕을 먹으니 자기 비하도 잦아진다. 목표치도 낮아진다. 실수하면, 실력이라면서 수군거린다. 오해받으니, 무너진다. 그 상황에서 블라인드? 결과는 크게 달라지지 않는다.

블라인드 테스트가 엉터리라는 게 아니라, 차별을 그대로 둔 토대에서의 평가 방식이 지닌 한계를 보자는 거다. 차별이 없었으니 앞으로 결과에 대해서 따지지 말자는 근거로 사용하지 말자는 거다. 블라인드 테스트가 공정했다는 생색내기에 불과한 것으로 그치면, 문제를 보완하려다가 사태를 악화시키는 꼴에 지나지 않으니 말이다. 차별하지 말자는 건 똑같이 보상받자는 게 아니다. 어떤 기준의 아래에 있다는 이유로 혐오받는 게 차별이다. 그 기준으로 인생을 부정당하는 게 차별이다. 그렇다면, 우리에게 필요한 것은 어떤 방식으로 사람을 선발하느냐가 아니다. 선발된 사람과 아닌 사람을 '어떻게' 바라보고 있는지를 짚어야 한다. 노력과 성실을 사람을 칭찬하는 추임새 정도가 아니라, 사람을 천대해도 되는 근거로 사용하는 사회에서는 어떤 완벽한 테스트일지라도 그 결과로 차별이 정당화될 거다.

2022년 4월, 윤석열 대통령 당선인은 1기 내각을 발표한 후 다양성이 고려되지 않았다는 비판을 받았다.* 그러자, 능력대로 뽑았다는 말만 반복한다.** '능력대로'의 문제점을 한 번도 생각해보지 않았다는 거다. 한 우물만을 판 전문가들이니 걱정 말라는 건데, 피라미드의 최상위층 사람들이 머리를 맞대

* "보수·고시·서울대·5060… 청년 여성 안 보이는 윤석열 내각", 〈MBC뉴스〉, 2022. 4. 7.
** "尹 정부 첫 내각, '능력'만 봤다지만… '통합·균형' 안 보였다", 〈한국일보〉, 2022. 4. 11.

짜낸 불평등 정책으로 어찌 좋은 사회가 가능하겠는가. 압권은 최측근을 법무부 장관에 임명한 게 파격 아니냐는 질문에 대한 답이었다. 이 파격이 어디서 이런 인재를 찾았는지를 감탄해서 나온 말이겠는가. 끼리끼리 좀 심한 거 아니냐는 질타였다. 대통령은 이렇게 말한다. "영어가 유창하니 문제 될 것이 없다."*

  우물만 파다 보면, 이 괴상한 상관성이 왜 어색한지를 이해 못한다. 그리고 그가 무슨 짓을 했는지 우리는 다 알고 있다.

---

* "尹 당선인 '한동훈, 유창한 영어 실력에 다양한 국제 업무 경험'", 〈연합뉴스〉, 2022. 4. 13.

누가 평범하고,
누가 비범한가

　　부자 되는 법을 알려주는 강연에서 평범한 사람은 죽어도 되는 인간처럼 묘사된다. 이런 분위기는 2008년 금융위기와 2020년 코로나19 팬데믹을 거치면서 몇 배나 더 강화됐다. 그리고 어떻게든 남들과 달라야 한다는 강박의 크기와 비례해 평범하다고 사람을 차별하고 특별한 것 없다고 사람을 혐오하는 정서도 커져갔다. "평범하면 살아남기 힘들죠. 남들만큼 하면 남들만큼만 사는 거죠"라고 당당하게 말하는 사람이 늘어나더니, 이를 무례하다고 생각하는 사람도 사라졌다.

　　평범이 죄인 세상이다. 실제, 특출 날 것 없는 평범한 사람들의 하루하루는 전투인데 말이다. 이들이 좀 안정적으로 살아가면 큰일이라도 나는 걸까? 생애 과정에서 지루한 학교 생활을 버틸 수 있는 것도, 죽은 학자들만 등장하는 대학의 인문학 강의에 한 번쯤 열과 성을 다해 집중할 수 있는 것도, 그리고 이웃과 연대하고 인류의 고통에 연민의 감정을 느낄 수 있는 것도, 심지어 심신을 바쳐 누군가를 사랑할 수 있는 것도 평범이라도 했기에 가능하다. 평범에서 하나만 삐끗해 현재가 불안하고 미래가 불확실하면, 어떤 것도 불가능하다. 그래서 대부분의 사람들은 평범이라는 외줄에서 떨어지지 않으려고 고군분투한다. 이들이 자신을 부끄러워한다? 결코 좋은 사회일 리 없다. 애석하게도 현실은 정반대지만 말이다.

"좋은 사회란 어떤 개인이 대단한 결심 없이 평범하게 살아도 인간의 존엄성을 보장받을 수 있는 사회다." 내 책의 한 구절인데, 강연 때마다 자주 언급한다. 얼핏 보편적 인류애가 풍기는 이상주의자의 문장처럼 보이지만 그게 요지가 아니다. 나는 '좋다'라는 표현이 적용되는 관성을 비판하고자 했다. 이 사회는 누군가가 엄청난 결의를 다져 (학생이면) 서울대를 가거나, (성인이면) 부자가 되는 등의 여정을 '좋다'라고 표현하는 데 익숙하다. 목표를 달성한 당사자에게 존경을 표할 순 있지만, 과한 한국 사회는 걱정스럽다. 무슨 무슨 합격 수기에는 '초인'들의 무용담이 넘쳐난다. 갭 투자 성공기류는 온갖 전략을 짜내며 전쟁을 지휘했다는 군인의 회고록과 비슷하다.

전투적 삶이 중산층에 이르는 모범적인 경로로 설명되면, 거기에 다다르지 못한 이들에 대한 편견이 증가한다. 성공은 그냥 성공인데 그게 도덕과 윤리를 대변하는 순간, 왜 노력하지 않은 사람을 국가가 도와주느냐 등의 빈정거림도 불쑥불쑥 등장한다. 그러니 내 글, 내 강연의 핵심은 긍정적인 수식어를 남발하는 것의 부작용을 짚으면서 '좋은'이란 표현의 오용을 경고하는 것이다. 긍정적으로 생각하며 열심히 사는 것의 장점이 많은 거야 당연하지만, 그게 'Good' 자체가 돼버리면 너무나 자연스럽게 그 반대 속성을 무작정 'Bad'로 취급하지 않겠는가.

문제는, 나부터 차별과 혐오의 씨앗을 제공하고 있었다는 것이다. 얼마 전 중학생으로부터 한 질문을 받고 머리를 망치로 몇 대 맞은 느낌이었다. 나는 평범하게 살아도 인간다움이 보장되는 사회를 설명하면서 생산직 노동자라 할지라도, 비정규직이라 할지라도, 소득이 낮은 프리랜서라 할지라도 등등의 표현을 같은 밧줄에 꿰어서 마구 흔들며 대중에게 호소했다. 이들도 행복한 게 좋은 사회 아니냐는 취지였지만, 설명되는 과정은 누군가를 불편하게 했다. 청소년 아무개가 묻는다. "작가님이 생각하는 평범하게 산다는 사람들이 육체 노동자란 말인가요?"

일상의 둔감을 단칼에 파헤치는 예리한 질문이었다. 나는 누군가를 평범하게 만들면서, 누군가를 비범하게 여겨지도록 유도했다. 의도가 무엇이든 결과가 그렇다. 이쪽 직업과 저쪽 직업을 수직적으로 구분했다. 평범하면, 전문직에 종사할 수 없다고 충분히 해석될 수 있는 연료를 제공했다. 나의 평범론에는 '대충 살다', '안주하다' 등과 충분히 연결될 틈이 있었다. 이 씨앗은, 그리 살았으니 그 모양 그 꼴이라는 공격으로 이어질 거다. 그러니 많은 이들이 자기 소개서 작성을 하면서 평범한 자신의 삶을 초라하게 여기지 않겠는가. 자기를 소개하면서 그럴 이유가 하나도 없지만, 세상은 그들의 삶을 밋밋하게 보이도록 한다. 당신에게는 도전 정신과 열정이 느껴지지 않는다고 윽박지른다. 나도 다를 바 없었다.

차별과 혐오의 문제에 접근할 때 가장 주의해야 할 게 '불쌍한 사람을 동정하면서' 해결책을 찾는 거다. 시사 고발 성격을 지녀야 할 프로그램이 〈인간극장〉 느낌으로 변질되면 불평등은 (사회적) 해결의 문제가 아니라 (개인적) 극복의 영역에 머물 뿐이다. 시혜적 시선은 누군가의 타당한 권리가 이웃의 은총으로 보완될 수 있다는 착각을 동반한다. 제대로 보완이 되지도 않겠지만, '배려받는 주제에 요구가 지나치다'는 괴상한 사고로 이어지니 결국 불평등은 더 심해진다. 나도 그 공기를 만들고 있었던 셈이다. 평소, 정당한 투쟁을 하는 임금 노동자들을 '편한 것에 안주하려는' 사람들인 것처럼 해석하는 풍토를 비판했던 내 모습이 떠올랐다. 쥐구멍에라도 숨고 싶었다. 이 부끄러움만큼, 죽을 때까지 의심하고 또 의심해야 할 거다. 나의 고정 관념을.

독서의 효과는,
독서입니다

조심스레 독서 토론 학원을 준비 중이다. 밑천이 없어서 그다음 단계로 못 가는 중이지만 준비는 오래전부터 했다. 책을 자주 접하는 내 직업을 활용해야만 먹고살 수 있다는 우주의 기운은, 책으로 밥 먹고 살면서부터 있었으니 말이다. 기회가 있을 때마다 가능 여부를 타진했다. 여러 독서 모임에 참여하면서, 연령을 달리하고 규모를 조정하는 상상 실험을 하는 중이다. 유의미한 수익으로 이어질지 의문이라 글쓰기를 병행할지, 커피도 팔아야 할지 구체적인 건 아직 없지만, 한쪽 벽면을 어찌할지는 진작 정했다. 거기엔 큼직한 글씨로 학원의 철학이 이렇게 적혀 있을 거다. "독서의 효과는, 독서입니다."

돈 벌 궁리로 생각하는 것이면서도, 흐름을 거스르겠다는 당찬 혹은 무모한 포부이기도 하다. 나는 독서'법'이란 말이 지나치게 등장하는 게 싫다. 기적의 독서라길래, 책을 통해 얻을 수 있는 상상력의 최대치라도 알려주는 줄 알았는데 명문대 진학을 도와주는 독서란다. 어떤 책을 골라서, 어떻게 읽었다고 해야지만 학교생활기록부(생기부)의 경쟁력을 보장할 수 있다는 친절한 설명이 가득하다. 이렇게 해라, 저렇게 하지 마라 등 야전 교범 수준의 직설적 지시가 대부분인데 이상하게도 그 딱딱함만큼 친절을 느끼는 사람도 많다. 독서를 제대로 해야 4차 산업 혁명을 이끌 인재가 된다는데 그럴 자신, 내겐 없다. 정확히 말하자면 그 확신, 느껴보지 못했다.

출판계에 자기 계발서가 대단히 큰 비중을 차지하는 거야 어제오늘의 일이 아니지만, 독서가 자기 계발의 하나로서가 아니라 자기 계발 자체가 된 세상은 많이 씁쓸하다. 자기 계발서의 특징은 단호함이다. 어떤 복잡한 상황도 단호하게 정리된다. 사람 아픈 이야기는 누군 안 아파봤냐면서, 돈 걱정하는 이의 푸념은 빚쟁이에게 쫓겨봤냐면서 말이다. 그래서 늘 가난한 사람들은 다 이유가 있다는 결론이 도출된다. 정신력이 약해서, 자존감이 낮아서, 부정적이어서 등등의 말들이 더해지면서. 여기에 독서도 추가된 모양이다. 독서하는 사람은 성장한다는 말들이 넘쳐나는데, 그 이야기를 따라가다 보면 '부자는 책을 가까이하고 가난한 사람은 책을 멀리한다'는 식의 이야기가 등장한다. '저래서 가난하다'는 생각이 성장의 결과라면, 좀 무섭다.

하지만 우리의 성장이란 지혜로움과 무관하니, 가능하다. 돌아다니는 인생 가르침 중에 볼 때마다 피식 웃음이 나오는 게 있는데, 성공한 사람들은 새벽에 독서를 꼭 한다는 거다. 한 동기 부여 강사는 일찍 일어나는 사람 중에 가난한 사람은 없다면서 흥분한다. 20년 넘게 새벽에 일어나고 있는 나는, 일찍 일어나는 사람의 특징을 누구보다 잘 안다. 일찍 일어나는 사람들은, 일찍 일어난 거다. 그게 다다. 누구는 주식 공부해서 돈 벌겠지만, 누구는 돈 버는 것과 아무런 상관없는 책을 읽고, 노력한들 보상이 오지 않는 글 한 줄을 쓰기 위해 고독과 마주한다. 새벽 4시에 첫 버스를 타고 출근해야 하는 사람은 얼마나 많은가. 사실, 대부분이 성공 어쩌고를 생각하지 않으며 새벽에 일어날 뿐이다. 새벽 독서가 성공과 연결되어 개인을 포장하는 용도가 되면, 독서는 미래를 위한 투자라는 거창한 어휘에 갇혀 그 방식으로만 활용된다.

그저, 새벽에 일어나길 결심하고 그걸 실천하는 자신을 대견하게 여기면 될 일인데 사람이 어디 그러한가. 그런 분위기가 한국에 얼마나 짙은가. 부동산이나 주식이 갑작스레 오르면, 운이 아니라 자신의 노력 덕택임을 말하며 열심히 살아서 보상을 받은 거라는 사람들이 불쑥불쑥 등장한다. 새벽마다 온수를 마시며 성공이라는 상상을 했다, 향초를 켜고 명상을 하는 걸 빼먹지 않았다 등의 평범한 일상 한 조각을 자랑스럽게 전시한다. 본인들만 그런 습관이 있는 것처럼 착각하며 말이다. 자동차를 끔찍하게 아끼는 사람의 특징은, 자동차를 아끼는 거다. 세차를 자주 하는 사람의 특징은, 세차를 자주 하는 거다. 이 행위에 전통적으로 호의적인 평가를 받는 '부지런함'이라는 해석을 과하게 입히고 '꼼꼼함', '청결함'이라는 매력적인 양념을 치다 보면 이를 기준으로 타인과 자신을 구분하려는 유혹도 덩달아 커져버린다. 차 깨끗하게 관리하는 사람치고 게으른 사람 없다는 착각, 차를 보면 사람을 안다는 무례함 그리고 차 더러운 사람들은 일상생활도 엉망이라는 식의 망상이 등장하는 이유다.

자신의 매 순간이 귀감이 되어야 한다는 강박의 세상에선, 책이 담고 있는 서사는 사라지고 책 읽은 자의 서사만이 넘쳐난다. 그 철장 안에서, 가난한 사람은 독서할 시간이 없다고 평계만 대기 바쁘다는 빈정거림도 자연스러워진다. 자기 계발서라는 책 안에 많이 있는 구절이다. 이 자기 계발의 에너지는 무섭다. 독서라는 순수한 행위조차 남을 평가하는 기준으로 둔 갑시킨다. 그저 책 좋아하는 사람과 아닌 사람 정도가 아니라 성공과 실패라는 과격한 이분법으로 해석된다. 그저 독서의 기쁨을 차분히 전달하면 될 상황에서도 '독서 안 하면 나중에 큰일 난다'라는 무서운 말들이 쉽게 등장한다. 운동해서 오래 살자가 어느새 운동 안 하면 빨리 죽는다가 되듯이, 처음엔 독서하면 명문대 간다는 말이 곧 독서 안 하면 명문대 못 간다는 윽박지름으로 진화한다. 젊을 때 책을 읽어야 멋진 중년이 된다, 젊을 때 책 안 읽으면 나중에 좀 그렇더라는 글들이 요즈음 좀 많다. 정말 어떠한지를 따지는 건 별 의미가 없다. 독서가, 그걸 따지는 유용한 도구가 된 세상의 강박이 슬플 뿐이다. 책이, '책 안 읽어서 저 모양이지'라는 문장 속에 들어가는 단어가 될 수 있는 게 야속하다.

    내게 독서는 완성된 줄 알았던 퍼즐의 조각이 떨어져 나가는 혼란의 순간이고, 그래서 다행인 경험이다. 책에는 성공과 실패로 간단히 규정될 수 없는 개인들의 수많은 드라마가 있다. 그러니 읽을수록 헷갈리지만, 안심한다. 원래 그런 거라고 여겼던 것들이 깨지면서 여태 몰랐거나 몇 가지 정보만으로 얄팍하게 정의했던 타인의 소우주를 입체적으로 느끼게 되었으니 말이다. 부족함을 채우고자 다시 책을 집지만 결과는 '책을 읽을수록 확실해졌다'고 말해서는 안 된다는 확신이다. 이렇게 다수의 독서량이 증가하면, 사회 안에서 차별과 혐오의 수위가 낮아지는 유의미한 결과가 나올 거다.

진짜 자존감 높은 사람은, 자존감 뜻도 잘 모른다. 진짜 긍정적인 사람은 '나는 긍정적이다!'라고 외치지 않는다. 하지만 자존감, 긍정 등이 성장의 키워드이자 성공의 징표가 되어 사람을 구별하고 배제하는 곳에선 밑도 끝도 없이 스스로를 자존감 있게 보이려는 집착이 커진다. '긍정=자신'으로 포장하려는 강박도 일상이 된다.

독서마저 이 덫에 걸렸다. 독서의 뿌듯함이 타인과의 수직 구분으로 이어진다. 하지만 독서의 효과는, 독서다. 책을 덮는 충만함과 빨리 다른 책을 읽어야 한다는 허전함의 교차 말이다. 나는 그게 성장이라 생각한다. 왜냐하면, 독서가 주는 효능을 남과 비교하려는 게 얼마나 협소한 인간 이해인지를 말해주는 책들은 너무나 많기 때문이다. 독서의 효과가 독서일 때, 타인의 생애를 납작하게 찌그러트리지 않는다. 그럼 된 거다.

친구도 없고 연애도 못하니, 그럼 죽을까?

A는 친구가 많지 않다. 개인적 문제가 있어서가 아니라, 그냥 많은 게 싫다. 하지만 늘 담임은 상담 때마다 친구를 좀 사귀었냐고 묻는다. 친구 숫자가 학기 초에 비해서 늘어났는지를 궁금해한다. 아니라고 답하면, 질타로 느껴질 수밖에 없는 말들이 이어진다. "친구가 없다는 건 문제가 있는 거야"라고 들린다. 교사의 미묘한 태도를 A는 경험적으로 안다. 매번 비슷비슷한 상담을 해서다. 중학교 1학년 때도, 3학년 때도, 고등학생이 되어서도.

친구의 숫자가 관계의 원만함인가? 당신에게 담백한 말을 차분하게 건넸던 이는 친구가 많았나? 당신에게 무례했던 아무개는 친구가 없었나? 오히려, 늘 사람들과 어울리는 이들이 빠르게 흥분하면서 내 삶에 불쑥 개입하지 않았던가. 끼리끼리 끈적하게 뭉쳐 있는 이들이 그 힘을 이용해 남을 괴롭히는 경우는 허다하다. 외향적인 사람 주변에 사람들이 많을 수 있지만, 그 숫자는 사람의 좋음과 무관하다. 하지만 그 반대를 좋지 않은 경우로 보는 감각은 일상적이다. A를 괴롭히는 인간들도 그랬다. A가 그들의 집단 소음에 대해 자제 좀 해달라고 했다가 들은 말은, "그래서 어쩌라고? 너는 친구도 없잖아"였다.

2000년대 전후로 관계 맺음의 특징은 많이 달라졌다. 어떤 친구를 사귀느냐, 어떤 친구가 되느냐 따위의 질문은 사라지고 친구가 있냐 없냐라는 얄팍한 확인만이 중요해졌다. 없으면, 불안해서일 거다. 집단 따돌림이 외환 위기 이후 그 덩어리가 커진 건 분명한 사실이다. 옛날이 낭만적일 리는 없지만, 집단이 누군가를 따돌린다는 걸 약자를 괴롭히는 행동으로는 이해했었다. 그땐, 한 명의 우두머리와 기타 등등으로 구분되곤 했다. 강자가 되려는 다툼이 더 중요했기에, 주먹질도 '짱' 자리를 걸고 자기들끼리 했다. 어떻게 변했을까? 군사 전문가인 김종대 전 국회의원은《그 청년은 왜 군대 가서 돌아오지 못했나》(나무와숲, 2014)에서 2000년대 이후 군대 구타의 모습이 과거와 어떻게 달라졌는지를 이렇게 설명한다. 예전엔 군대에서 선임 한 명이 여러 후임을 줄 세워놓고 '혼자' 때리는 식이었는데, 지금은 선임이 한 명 지목하면 나머지가 무시하고 괴롭히는 형태라고.

왕따의 메커니즘과 같다. 그러니, 사람들은 일단 '나머지'에 포함되어 심리적 안정성을 얻고자 한다. 타깃이 되는 것만은 피해야 하니까. 대장 한 명과 결투해서 운명을 바꾸는 건, 1978년을 배경으로 한 영화〈말죽거리 잔혹사〉에서나 나오는 장면이다. 지금은, 찍히면 끝난다. 모두를 옥상으로 올라오라고 해서 쌍절곤으로 때릴 수도 없는 노릇이고. 그러니 불안부터 줄여야 한다. 친하든, 안 친하든 일단 무리에 속해 엉켜 있는 게 살 길이다.

양육자들은 아이에게 친구가 많으면, 많아서 흐뭇한 게 아니라 '왕따는 안 당할 것 같아서' 안심한다. 교사는 친구가 없는 학생부터 찾는다. 누구를 왕따로 만들어가는 분위기를 제어하는 게 중요하다는 건 알지만, 교사 한 명이 하기엔 벅차다. 그러니 누가 왕따가 될지를 더 주목한다. 친구 없는 자들은 요주의 인물이다. 친구 좀 만들라고 재촉한다. 조금만 달라지면 된다고 한다. 학생은 생각한다. '아, 다 내 잘못이구나.' 지나친 피해 의식일까? 매해 비슷비슷한 어른을 만나는 당사자의 느낌이 어찌 우호적이겠는가. 인간관계를 있으면 좋고 없으면 '말고'가 아니라, 없으면 '좋지 않은' 것으로 여기는 세상의 시선에 이들은 지쳐 있다.

'혼밥'이란 폭력적인 단어도 이 배경에서 등장했다. 혼자 밥 먹는 사람은 늘 있었는데, 그 행위에 부정적 해석을 곁들여 주목한 건 2010년대다. 혼자 밥 먹는 지극히 단순한 현상에 적응을 못한다, 성격에 문제가 있다는 설명이 붙었다. 누구도 외롭지 않게 만들자는 사회적 고민이 담겨 있지도 않다. 소외? 그건 결핍된 개인의 문제일 뿐이다. 혼밥은 낙인의 개념이었다. 소속되고 싶은 열망이 아니라, 소속되지 못하면 끝장이라는 공포감이 야기한 편견의 결과다.

같은 기운을 과거와는 다른 요즘 시대의 사랑 풍토에서도 발견할 수 있다. TV만 틀어봐도 느껴진다. 사랑 '하는' 사람들의 이야기보다, 사랑 '하기 위한' 이들의 온갖 고민들이 넘쳐난다. 상대의 반응 하나하나에 안절부절못하는 당사자의 모습이 등장하면 스튜디오에서는 이럴 땐 어떻게 해야 하는지, 저런 모습은 어떤 신호인지를 연애 전문가를 자칭하는 이들이 꾸짖듯이 설명한다.

2012년경에 등장한 '썸 타다'(something+타다)라는 표현은 답 없는 사랑 관계에서 '답을 찾으려는' 사람들의 강박을 대변한다. "내 꺼인 듯 내 꺼 아닌 내 꺼 같은 너, 니 꺼인 듯 니 꺼 아닌 니 꺼 같은 나, 이게 무슨 사이인 건지 사실 헷갈려"* 하는 사람들은 언제나 존재했다. 그러니까, 혼란의 과도기는 헷갈리는 그대로 느끼는 것이지 반드시 해결해야 하는 숙제가 아니었다. 저 사람과 잘 되고 싶은 간절함이야 있었겠지만, 잘 안 되면 끝장이라는 강박은 약했다. 잘 안 되는 것, 그것 역시 사람 사이의 일이라고 받아들였다(헤어지자고 했다고 사람 때리고 죽이고 하는 경우가 지금보다 드물었던 이유이기도 하다. 그땐, 결혼하고 때렸다).

언젠가부터 사랑 관계의 복잡 미묘함을 지나치게 걱정하는 사람들이 많아졌다. 사랑이, 어찌 자기 계발서에 나오는 어조처럼 단호하게 규정되겠냐만 사람들은 복잡한 걸 불안해한다. 정답, 오직 정답만을 찾는다. 연애를 경쟁의 영역에서 다룬 〈짝〉(SBS)은 2011년에, '그린라이트'(상대에게 호감이 있음을 나타내는 신호)라는 표현을 유행시킨 예능 〈마녀사냥〉(JTBC)은 2013년에 방영되었는데 '썸 타다'는 말이 등장한 시기다. 이후, 개인의 사랑 감정을 대중과 공유하고 평가받는 프로그램은 봇물처럼 늘었다. 남자들 앞에 선 여자의, 여자들 앞에 선 남자의 이력이 쭉 나열되고 명문대 출신이라면서 부러워하고 자산이

---

* 2014년 2월 발매된 소유와 정기고의 노래 〈썸〉의 가사. 표준어 표기를 무시하고 그대로 옮겼다.

대단하다면서 찬사를 보내는 모습은 예전에도 존재했지만 제한된 공간에서 이루어졌다. 지금은? 사람들은 모두가 공개 오디션 심사위원의 자세로 누군가의 사랑 관계를 평가한다. 분수를 알아야지, 노력을 해라 등의 조언들을 하면서.

모태 솔로라는 말의 맥락도 흡사하다. 연애 안 하는 걸 '못' 하는 걸로 쉽게 판단하는 사회에서는, 사귀는 사람이 없다는 이유로 결핍된 인간으로 취급받는다. 재차 강조하지만, 연애 경험 없는 사람은 언제나 존재했다. 시선만 변했다. 모태솔로는 늘 있었지만, 모태솔로라고 누가 놀리면 어떡하냐는 걱정은 결코 당연하지 않았다. 사랑'도' 평가받는 시대에 사람들은 아예 사랑을 거부하고 연애 자체에 관심을 꺼버리기도 한다. 아이 있는 사람에게 용돈 주는 형태로만 이루어지는 저출생 정책이 유의미한 해결책이 되지 않는 것도 이 지점으로부터 출발하지 못해서다. 사랑을 해야 결혼을 하고 출산을 한다. 하지만 연애'도' 못하는 사람 어쩌고의 말들이 많은 곳에선, 못한다 소릴 들을 바엔 차라리 안 하는 사람도 많아질 수밖에 없다. 친구'도' 없냐는 빈정거림이 넘쳐나는 곳인데, 그리 놀랄 일도 아니다.

그 사람이 하버드대를
졸업하지 않았다면

"입만 터는 문과 놈들이 해먹는 나라." 이국종 의사가 군의관 후보생들에게 강연 중 한국의 의료 실정을 비판하면서 뱉은 말이다. 의료가 정치 공학의 덫에 걸린 슬픔과 관료 행정의 경직성에 대한 분노였다. 대중들은 자기 위치에 따라 다르게 반응했다. 입만 터는 문과를 싫어하는 사람은 옳거니를 외쳤고, 입 터는 건 맞지만 문과가 해먹은 적은 없다는 사람은 속상해했다.

문과에 대한 빈정거림이 만연한 풍토가 없었다면 입 밖으로 튀어나왔겠는가. 입만 터는 문과 놈들, 이 말은 오래되었다. 문과생 스스로가 입이라도 잘 털자고 했다. 하지만 지금은 맥락이 다르다. 문과생 들으라면서 노골적으로 한다. 그리고 이국종 의사처럼 너희들 때문에 우리가 힘들다는 신세 한탄 정도가 아니다. 너희들 신세나 한탄하라는 조롱이 가득하다. 입만 터니 문과 놈들이 취업을 못하지, 입 터는 거 외에는 할 줄 아는 게 아무것도 없으니 저 모양 저 꼴이지 등등으로 쓰인다.

30년 전에는 없었던 분위기다. 20년 전에도 저토록 노골적이진 않았다. 문과는 늘 말이 많았다. 이거, 쉽지 않다. 도서관에서 하염없이 세월을 보내야 한다. 적절한 단어를 찾는다고 밤새 끙끙거리며 글을 써야지만 가능하다. 이런 문과생을 존중까지는 아니었겠지만, 인정은 했다. 사회에 저런 사람도 있어야 한다면서 문과의 속성을 이해했다. 너라도 사회를 비판해달라면서 응원하는 이도 꽤 있었다.

20년 전에도 대세는 이과였지만, 그래도 문과생들이 이과 눈치를 보면서 살지는 않았다. 그때도 문과와 이과의 취업률 차이는 상당했지만, 이 기준으로 학문을 조롱하는 이과생은 드물었다. 좋게 말해, 상호보완적 관계로 굴러는 갔다. 거창하게 표현하자면, 이과는 과학의 혁신을 이끌었고 문과는 성장의 이면을 살피며 혁신의 속도를 조절했다. 낯간지러운 묘사지만, 대충 저리 믿고 자기 공부 열심히 했다는 거다.

현재는 아니다. 이과는 문과를 이과 '아래의' 학문으로 취급한다. 나도, 직접적인 원인은 아니었지만 그 분위기에 지쳐서 대학 강의를 그만뒀다. 2018년도에 대학 강의를 할 때였는데, 과제를 너무 불성실하게 하는 공대 그룹이 있었다. 지적을 하니, 전공 숙제하느라 시간이 없었다는 이해하기 어려운 변명을 하는 거다. 그런데 이 친구들이 몇 달 후, 대학의 학과 구조 조정이 적절하냐는 주제로 이루어진 토론 대회에서 "인문계는 공부하기도 쉬운데, 자연계보다 공부하는 시간 총량도 훨씬 적다"라는 말 같지도 않은 소릴 하는 게 아닌가. 자신들에게 D 학점을 준 강사가 심사위원으로 앞에 있는데도 말이다.

이런 학생들이 꽤 많았다. 사회학에 관심이 있어서가 아니라, 대충 공부해도 학점 잘 받을 거라면서 수강 신청을 하는 그런 학생들 말이다. 그 앞에서 강의하는 건 무척 고단했다. 나를 힘들게 한 이 분위기, 심해졌고 넓어졌다. 저 점수로 어떻게 이 학교 오냐, 문과 선택했으니 가능했지 따위의 말들이 직접적으로 오간다. 고등학생들도 같은 논리로 빈정거린다. 이과는 조롱하고 문과는 자조한다.

끔찍하지만 놀랄 일은 아니다. 대학 서열화의 역사가 곧 한국 교육의 역사이니 말이다. 서열화를 노력에 대한 공정한 보상 따위로 보는 천박한 인식이 넘쳐났으니, 해를 거듭할수록 모든 걸 줄 세우려는 의지는 강해졌다. 대학이, 전공이, 기업이, 심지어 사는 지역조차 수직적으로 촘촘하게 분류되고 구분된다. 도태되어도 마땅한 하위권을 향한 혐오는 일상이 된다. 어느 순간 "입만 터는 문과 놈들"이라는 표현은 해도 되는 말이 된다.

대통령이 되겠다는 사람들의 교육 공약은 큰 틀에서 비슷하다. 교육으로 불평등이 해결되어야 하고, 또 교육이 불평등 자체가 되어서는 안 된다는 취지에서 대학 서열화 타파를 앞세우며 이것저것 청사진을 내민다. 제21대 대통령 선거에서도 마찬가지였다. 기호 1번은 지역거점국립대학(지거국) 지원을 강화해 서울대를 10개로 만들겠다고 한다. 2번은 서울대와 지거국 공동학위제를 제안한다. 4번은 이 둘 사이에 상호 학점교류제를 추진할 의향이다. '상호'라지만, 당연히 지거국 학생들이 서울대로 가서 수업 듣는 형태다. 5번은 서울대 학부를 폐지하자는 게 좀 다르지만 지거국 지원을 파격적으로 한다는 건 같다.

온통 서울대다. 서울대를 말하지 않고선 문제가 해결되지 않을 거라고 보아서인데 제일 중요한 게 빠져 있다. 서울대 때문에 대학 서열화가, 교육 불평등이, 계급 대물림이 생긴 게 아니다. '공부 열심히 해서 서울대 갔는데' 대학 서열화가, 교육 불평등이, 계급 대물림이 왜 문제냐는 인식이 문제의 주범이다. 그게 공정하다고 믿는 곳에선, 서울대 10개를 만드는 걸 서울대에 대한 차별로 인식한다. 공부 못해서 지방대 간 학생들에게 서울대 졸업장을 주는 게 말이 되냐고 한다. 어찌 정책이 순항하겠는가.

학력주의에 찌든 서울대 학부를 폐지하는 게 마땅하게도 보인다. 하지만 '서연고 서성한 중경외시'라는 끔찍한 대학 서열 분류표에 따라 그 짓을 할 다음 주자는 늘 대기 중이다. 지역의 몇몇 대학이 서울대급이 되는 것도 마찬가지다. 그 순간, 이 대학과 근처의 다른 대학은 더 이상 지역이라는 이름으로도 묶이지 않는다. 둘 다 모두 지방에 있는 대학이지만 한쪽은 지방대가 아닌 지방대가 될 것이고 한쪽은 지방대 중에서도 한참 아래의 대학, 이른바 지잡대의 오명을 영원히 벗어나지 못할 거다.

내가 지어낸 말이 아니라, 지역에도 서울대 같은 학교를 만들자는 주장에는 늘 '국가 지원이 많은 카이스트나 포항공대(포스텍)를 지방대로 보지 않는다'는 논리가 등장한다. '똑똑한 서울 학생들이 지방으로도 올 것이다'라는 말과 함께 말이다. 지방 입장에서는 어찌 듣기가 찝찝하지 않겠는가. 지방을 서울 '아래'의 개념으로 보는 사회에선, 지방대로 불리지 않을 대학 하나가 생기는 순간 나머지들은 지방에 존재한다는 이유로 도태되어도 마땅한 존재만 될 뿐이다. 그러면 입만 터는 문과 놈들이란 표현이 자연스러워진 것처럼, "허구한 날 지방대 차별만 외쳐대는 지잡대 말종"이라는 말도 자연스러워진다. 그 세상에선, 국토 균형 발전을 하자고 하면 '지방 사는 게 유세냐'면서 조롱한다. 대기업이 독식하는 기업 생태계를 바꾸자고 하면 '중소기업 다니는 게 벼슬이냐'면서 우롱한다. 결국, 불평등은 다 개인 업보다.

이를 부끄러워하지 않고, 그럴 만하니까 그런 거지라면서 온갖 근거를 찾는 사회를 공동체라고 부르긴 어렵다. 배움을 갈망하는 것과 능력주의의 강박에서 허우적거리며 우월감과 열등감 사이를 오가는 건 많이 다르다. 한국인들은 더 배울수록 더 멸시한다. 그걸 가능케 하는 괴상한 여정을 집요하게 추적해, 모든 변수들을 따지고 수정하고 파괴해야 한다. 이 고민이 없는 교육 공약은 사상누각에 불과하다. 서울대가 10개든 100개든 아니면 0개든 말이다. 아무것도 하지 말라는 게 아니라, 그것만 해서는 아무런 의미가 없다는 거다.

이 글을 쓰고 있던 2025년 5월 27일, 역대 최악으로 기록될 대선 후보 토론회가 있었다. 세 번의 토론회를 보는 내내 이준석 후보가 참으로 안타깝다는 생각이 들었다. 그 사람은 하버드대 졸업만 아니었다면 저 정도로 망가지진 않았을 거다. 하버드대가 빈정거리는 법을 가르쳐주진 않았을 거다. 그 대단한 학교의 이름이라면, 한국에선 뭘 해도 일단 껌뻑 죽어주니 자신이 괴물이 된 것조차 모를 뿐이다.

정치인의 학력은 억지로 알려는 사람에게만 드러나야 한다. 하지만 이준석은 무슨 논쟁만 시작되면 자신이 하버드 출신이란 걸 어떻게든 드러낸다. 하버드 '아래'가 감히 알 리가 없다는 뉘앙스로 말이다.* 그런 방식이 통하면 안 되는데, 한국에선 너무 효과가 좋다. 그럴수록 자신의 입에서 나오는 모든 말을 논리적이라고 착각한다. 토론의 달인이라는 확신이 어찌 없겠는가. 그러다 저 지경이 된 거다. 모두의 잘못이다.

---

* "이준석 "이재명, 美 유학파인 나에게 '뉴딜 아냐'고 가르치려 들어"", 〈채널A〉, 2025. 5. 19.

5부

사회를 뒤로 돌리는 말들

"평평한 지구론에 입문하는
거의 모든 사람이
유튜브를 통해 들어왔다."

―리 매킨타이어,《지구가 평평하다고 믿는 사람과 즐겁고 생산적인 대화를 나누는 법》, 노윤기 옮김, 위즈덤하우스, 2022, 25쪽

더 힘들게 일할 자유를 주겠다?

군대 훈련소 시절, 사단장 앞에서 밥을 먹었다. 모자에 별이 달린 장군은 격의 없는 소통의 자리이니 편하게 말하라 했지만, 나는 "괜찮습니다!", "맛있습니다!"만 외쳤다. 먹지 못하는 음식도 씩씩하게 먹었다. 1998년 3월의 일이지만, 뚜렷하게 기억한다. 인생에서 가장 불편했던 식사였으니. 학생과의 소통을 위해 술자리를 즐겼던 교수 아무개도 떠오른다. "아르바이트할 시간에 공부해서 장학금 타는 게 효율적이지"라는 말을 조언이랍시고 하던 그는 늘 술에 취했고, 공부할 시간에도 아르바이트를 해야만 했던 학생들은 그를 부축했다.

함께 밥 먹다가 어떤 좋은 기운이 운 좋게 좋은 흐름으로 이어진다면 소통이 가능하겠지만, 먹는다고 소통이 보장되겠는

가. 윤석열 전 대통령이 증명하지 않았는가. 그는 당선된 후, 혼자 밥 먹지 않겠다고 했다. 대변인은 이 모습에 오바마가 떠오른다면서 듣기 민망한 해석을 한다.* 언론은 '식사 정치'라면서 칭찬한다. 그런데 어떡하나. 꼬리곰탕, 짬뽕, 김치찌개, 파스타, 육개장에는** '소통을 잘하게끔 하는' 성분이 전혀 없는데 말이다.

함께 밥을 먹는 건 그냥 함께 먹는 거다. 과도한 해석을 하면, 중앙과 변두리가 권력으로 구분된다. 김치찌개가 싫은 사람들도 중앙에 찍혀 변두리가 되는 걸 두려워하니, 억지로 맛있게 먹는 위험한 소통이 시작된다. 나쁜 의제도 합의가 된다. 단언컨대, 대통령 당선인과 밥을 먹으며 "당신이 틀렸습니다!"라고 말할 수 있는 사람은 극소수다. 국가 지도자의 소통은 정책을 통해 불평등의 크기를 줄여나가는 것이다. 연설문 하나에도 소외된 자들을 품겠다는 의지를 보여줄 때 가능하다. 소속된 집단의 편견을 방지해야만 국민 통합은 가능하다. 식사 시간마다 뭉치면, 힘들 거다. 뭉치더니, 결국 계엄을 선포하지 않는가.

---

* "'혼밥 않겠다' 尹, 연일 공개 오찬… 대변인 '오바마 떠올라'", 〈세계일보〉, 2022. 3. 18.
** "곰탕→짬뽕→피자→육개장… 밥에 진심인 윤석열 '식사 정치'", 〈중앙일보〉, 2022. 3. 18.

그는 후보 시절부터 날것 그대로 듣고 뱉었다. 복잡하게 짚고 또 짚어야 함에도 다 외면한다. 의견을 여론으로 발전시켜야 할지 말지에 대한 숙의가 전혀 없다. 전두환이 정치는 잘했다면서,* '과가 있으면 공이 있다'는 식의 양비론적 입장으로 민주주의를 퇴행시키는 이들의 의견을 그대로 차용한다. 대학에서 굳이 인문학 공부를 할 필요가 있냐면서,** '교수 될 생각도 없는데, 인문학을 왜 공부하나요'라면서 떠도는 시중의 빈정거림을 그대로 드러낸다.

지지자들이 전하는 대로 정책을 고민하니 성범죄 흉악범을 처벌하겠다면서 굳이 무고죄 처벌 강화를 덧붙인다.*** 무고 가해자들을 누가 두둔한단 말인가. 모든 범죄에 섬세하게 적용될 문제다. 하지만 이를 성범죄와 동일한 영역에서 연결하면, 성폭력을 신고하려는 사람을 위축시킬 가능성도 커진다. 앞으로 피해자는 '유죄 판결을 받아낼 자신이 없다면' 가해자를 지목하기도 어렵다. 진실을 말할 용기보다 법정 싸움에서 이길 조건인지부터 따져야 한다. 성범죄는 증거가 폭행이

---

* "윤석열 '전두환, 군사 쿠데타와 5·18 빼면 정치 잘했다' 논란", 〈머니투데이〉, 2021. 10. 19.
** "윤석열, '인문학 공부에 대학 4년? 그런 건 소수만 하면 돼'", 〈한국경제〉, 2021. 9. 16.
*** "윤석열, 여성청년 지웠다… '성폭력 무고죄' 공약", 〈미디어스〉, 2021. 10. 22.

나 금융 범죄처럼 명확히 드러나지 않는다. 또, 죽을까봐 저항을 멈춘 게 합의한 걸로 해석되기도 한다. 혼자 끙끙 앓다가 용기 내서 사건을 드러내면, 뒤늦게 이러는 속셈이 뭐냐는 추궁을 받는다. 이 틈을 법 기술자들은 파고든다. 상대가 돈도 많고 변호사 구성도 화려하다면, 피해자가 무고 가해자가 될 확률도 높아진다. 어찌 주눅이 들지 않겠는가. 권력형 성범죄가 일어나면 특정 커뮤니티에서는 꽃뱀 아니냐는 말들이 넘쳐난다. 그걸 끊어내지 못하는 수준은, 난민에 관한 인도주의적 정책을 발표하면서 동시에 가짜 난민 색출 운운하고 장애인 정책을 말하면서 비장애인이 피해 보는 일이 없도록 하겠다는 부연 설명을 하는 꼴이다.

윤석열의 언어는 껍데기만 있었다. 어떤 이유로 청와대를 거부하고 용산을 선택할 순 있다. 하지만 안 들어갔다고, 권위주의가 타파되는 게 아니다. 소통하겠다며 도어스테핑을 하는 건 좋다. 하지만 한다는 사실만으로 소통했다곤 할 순 없다. 무엇이 드러났는가? 권위적이지 않은 게 있었던가? 소통을 잘한다는 단 하나의 사례라도 있었던가? 새벽 5시에 신문을 읽는 사람의 특징은,* 새벽에 신문을 읽었다는 거다. 그게 다다.

---

*   이 말은 늦은 시간까지 술자리에 있었다는 의혹을 해명하면서 나왔다. 공식 발언은 아니

주 120시간 노동 발언은 압권이었다. 2021년 7월 19일, 윤석열은 언론사 인터뷰에서 문재인 정부의 주 52시간 정책을 실패라고 말하며 "게임 하나 개발하려면 한 주에 52시간이 아니라 일주일에 120시간이라도 바짝 일하고, 이후에 마음껏 쉴 수 있어야 한다"라고 말했다.* 논란이 일자, 제도의 유연성이 필요하다는 측면에서 든 예시라고 했다. 몰아서 바짝 일하다가 발생하는 비극을 막으려는 것도 52시간제가 고안된 이유 중 하나다. 제도의 허점이 왜 없겠는가. 그럼 그걸 세련되게 다듬으며 역사를 진보시킬 고민을 해야 한다. 그런데, 주 120시간이라니. 산업 혁명 초기의 영국 노동자들도 그보단 덜 일했다. 전태일이 몸을 불태우며 알리려고 했던 평화시장 시다들의 열악한 노동 환경도 그보단 덜 나빴다.

"최저 임금을 200만 원으로 잡으면, 150만 원, 170만 원 받고 일하겠다는 사람은 일을 못해야 합니까?"** 비상계엄을 선

며 간접 인용으로 다음처럼 언급되었다. "(…) 참석자들에 따르면 윤 대통령은 이 자리에서 "도어스테핑을 준비하려면 새벽 5시에 일어나서 조간신문을 다 봐야 하는데 무슨 새벽 3시까지 술을 마시겠나"라고 했다고 한다."("尹 '새벽 5시 일어나 조간신문 보는데 무슨 3시까지 청담동서 술 마시겠나'", 〈동아일보〉, 2022. 11. 28.)
* "120시간 바짝 일하고 마음껏 쉬어라?… 대권주자 윤석열의 시대착오적 노동관", 〈경향신문〉, 2021. 7. 20.
** "윤 '150만 원 받고 일하겠단 사람은 일 못해야 하나'", 〈오마이뉴스〉, 2022. 3. 7.

포하기 전까지, 윤석열의 말 중 나를 가장 당황시킨 말이다. 이 주장에 동의하는 사람이 꽤 있다는 게 슬프지만(다음 글에서 논의), 황당한 건 황당한 거다. 어찌 가능했을까? 표를 의식해, 자영업자들을 보듬어주는 말을 하긴 해야 하는데, 정책적 고민은 해본 적이 없으니 막막할 거다. 최저 임금 인상으로 자영업자들이 인건비 지출에 부담을 느낀다는 보수 언론의 기사 몇 조각이 떠올랐을 거다. 그리고 의식의 흐름을 제어하지 못하고 아무 말이나 뱉는다. 더 힘들게 살 자유를 보장한다는 건가? 최저 임금 최저가 경쟁 입찰을 할 판이다. 상상해보자.

이른 새벽, 인력 사무소에 사람들이 앉아 있다. 오늘만이라도 일용직 노동자가 되길 희망하는 이들이다. 잠시 후 건설 현장의 관리자라는 사람이 방문하여 단순직 희망자를 찾는다며 말한다. "자, 최저 임금부터 시작하죠. 네, 9,900원 나왔네요. 아, 8,800원 손 드셨습니다. 이제 없습니까? 하나, 둘, 아! 7,900원 나왔습니다. 저기 손 드신 분, 얼마라고요? 네? 6,900원? 여러분 6,900원입니다. 대박입니다. 주간 신기록입니다. 마감합니다! 낙찰자는 봉고차에 타세요."

청년 아무개는 편의점 아르바이트를 찾고자 구인 앱을 살펴본다. 원하는 지역과 근무 시간대를 입력하는 칸에는 '희망

최저 임금'이라는 예전에 없던 항목이 생겼다. 고민이다. 최저 임금 받고 일하다가 그보다 적게 받겠다는 구직자들이 많아 몇 개월 만에 그만두지 않았던가. 법 따지다가는 하는 일도 불안정하고, 일을 구하는 것도 불확실하다는 걸 경험했다. 그래서 급여는 낮더라도 고용될 수 있는 높은 확률에 베팅한다. 최저 임금보다 1,000원 낮게 입력하니, '확정 후 시급 인상을 요구할 수 없다'는 주의가 팝업 창으로 뜬다. 동의 버튼을 누르니, '경쟁 입찰 마감 후 개별 통보'한다는 안내가 이어진다. 하지만 아무개에게 연락은 오지 않았다.

더 힘들게 일할 자유도 있는 곳에선 '묻고 더블로' 더 낮은 대우를 스스로 선택하는 이들이 왜 없겠는가. 부실 대학 명단에 이름이 오르락내리락하던 지방의 한 대학에서 강의할 때, 근처 상권에서 최저 임금을 준수하지 않는 경우가 많은 걸 확인하고 놀란 적이 있다.* 자연스럽게 그리 되었을 거다. 사정상 좀 이해해달라는 부탁을 단호하게 거부하지 못했겠지. 이

---

* 《진격의 대학교》에서 언급한 사례다. 서울의 명문 대학이라 불리는 곳과 비교했는데, 지방 부실 대학 근처에서는 최저 임금을 준수하지 않는 경우가 2배 이상 많았다. 최저 임금 이상의 급여를 받는 게 노동자의 당연한 권리라는 인식이 느슨했던 2013년도 조사인데, 지금은 아니길 희망한다.

런 대학 다니면 권리 어쩌고 따져봤자 욕만 먹을 거라고 느꼈겠지. 그렇게 차별을 받아들인 거다. 이거라도 감사하자면서.

자유는, 최저 임금보다 낮게 받으며 일하겠다는 사람의 의지를 설명할 때 적용되는 단어가 아니다. 최저 임금은 자유를 잃지 않기 위한 마지노선이다. 노동자의 생산성 향상은 생활의 안정으로 가능하고, 이는 푹 자고 잘 먹고 여행도 하고 사랑도 하는 게 '최저의 삶' 안에 포함되어야 함을 뜻한다. 하기야, '경고성 계엄'이라는 놀라운 말을 만들어내는 사람이었으니, '최저 임금보다 적게 받을 자유'라는 단어 조합도 이해가 된다. 윤석열만 그런 생각을 지녀야만, 사회는 좋아질 것이다. 그런데, 한 명 더 있었다.

더 차별하겠다는 게
정책인가?

하나의 유령이 맴돌고 있다. 최저 임금 차등 적용이라는 유령이. 윤석열에 이어 오세훈 서울 시장은 '필리핀 이모'(가사 관리사)라는 당황스러운 제도를 급하게 시범 도입하면서 논쟁을 자극했다. 일하는 사람 국적에 따라 최저 임금을 안 줘도 된다는 논리에, 당시 김문수 고용노동부장관 후보자는 청문회에서 헌법과 국제노동기구(ILO) 협약에 위배되기에 신중하다는 입장을 밝혔다. 외국인이라는 이유로, 가사 관리사라는 이유로 최저 임금조차 덜 주다가는 세상이 우습게 여길 거니 선을 넘지 말자는 뜻이었을 거다.

하지만 이준석은 일관되게 초법적이고 반사회적이다. 지자체에서 최저 임금을 지역과 업종에 따라 ±30% 조정할 수 있도록 하겠단다. 무려, 대선 공약이다. 최저 임금을 국가 기준보다 30% 더 높일 권리를 지역에 주면, 그럴 곳이 과연 있을까? 더 주는 거야 지금도 고용주가 알아서 더 주면 그만이기에, 저 말은 최저 임금 안 줘도 문제없는 사회를 만들겠다는 뜻과 진배없다. 지역이라, 이 무슨 논리인가. 시골에 산다고 열차 요금 할인이라도 해주는가. 오히려 역까지 가는 시간과 돈은 시골이 더 든다. 야간에 일을 마치고 대중교통을 이용할 가능성만 따져봐도 교통비가 덜 드는 곳은 서울이다. 숙박비도 덜 든다. 어디로 출장을 가든 서울행 심야버스는 있기 때문이다. 서울시 최저 임금을 20% 정도 줄이는 게 타당해 보이는데, 누가 납득하겠는가.

주거 비용이 더 들기에 안 된다고? 그럼 최저 임금을 올려야 한다. 한쪽의 돈을 깎아서 서울과 지방 사람 들이 내 집 마련에 걸리는 시간을 비슷하게 만드는 게 평등인가? 지방 사는 사람이 월세 지출과 대출 상환이 더 버거워지면, 서울 사람들은 집을 빨리 마련하는가? 똑같이 편의점에서 일했는데, 집값이 싸다고 임금이 줄어드는 걸 수긍할 수 있을까. 그때, 모멸감을 느끼지 않을 사람은 없다. 이게 대선 공약이라니, 세상이 얼마나 한심하게 보겠는가.

지역과 업종, 이 두 가지를 조합하면 이 피해는 이주 노동자들에게 집중된다. 그러지 말라고 역사가 수없이 경고했지만, 왜 비극을 반복하려는 걸까? 최저 임금조차도 안 주겠다는 이 유령은 지금 당장 일을 해야만 하는 수많은 이민자들을 괴롭혔다. 미국 노동 운동의 역사에서 한 획을 그은 매사추세츠주 로렌스시의 섬유 공장 노동자들의 연대 파업이 그 이유로 시작되었다.

1912년, 로렌스시는 이탈리아, 벨기에, 폴란드, 리투아니아 등 유럽의 수십여 개 나라에서 건너온 이민자들로 넘쳐났다. 이들은 한두 세대 먼저 온 영국과 아일랜드 이민자들에 비해 숙련공도 아니었고 영어 소통도 어려웠다. 그 이유로 돈을 더 적게 받았다. (1900년대 초 하와이 사탕수수 농장에서 일한 한국인들도 같은 차별을 받았다.) 노동자의 절반은 여성과 아이들이었는데, 이들은 여성과 아이라는 이유까지 추가되어 돈을 적게 받았다. 버티는 것 외에는 방법이 없는 이민자들의 절박한 심리를 이용해 고용주들은 비용을 절감했다. 적게 받으니 더 일하지 않고선 살 수가 없었다. 당시 매사추세츠주 주 최대 노동시간이 58시간이었지만 이민자들은 60~70시간을 일했다.

과잉 노동이 문제가 되자 주 정부는 노동 시간을 주 56시간으로 단축하는데, 고용주들은 딱 그만큼의 임금을 삭감했다. 이에 분노한 2만 명의 노동자들은 인간다운 삶을 위한 투쟁을 결의해, 훗날 '빵과 장미의 파업'으로도 불리는* 9주간의 강력한 연대와 집단행동으로 임금 인상과 초과 수당 지급을 이끌어낸다. 이 여파로 그해 매사추세츠주는 미국에서 처음으로 최저 임금제를 도입했고 1938년에는 미국 전역에 최저 임금에 관한 기준이 마련되는 공정노동기준법(Fair Labor Standards Act, FLSA)이 제정되었다.

제도는 변했지만, 문화는 따라가지 못했다. 절이 싫으면 중이 떠나면 된다는 논리는, 역설적이게도 약자들에게 학습이 되었고 다른 약자가 등장할 때마다 반복되었다. 차별받던 이민자들은 힘들게 자리를 잡은 후, 새로운 이민자들을 차별했다. 이때 차별을 받은 이들이, 반드시 성공하겠다면서 조국을 떠난 한국인들이었다. 그들은 부당한 대우를 받았지만 세탁 공장에서, 봉제 공장에서 묵묵히 버텼다. 말도 안 통하고, 그리 대단한 일도 아니고, 당신처럼 절박한 사람은 널렸다는 게 최저 임금도 받지 못하는 이유였다.

1990년대부터는 성공한 한인 이민자들이 운영하는 봉제 공장에서 임금 착취가 발생하는 일이 심심치 않게 등장한다. 피

---

* 빵과 장미라는 시적 표현으로는 당시 노동자들의 투쟁이 얼마나 처절했는지를 담지 못한다는 비판도 있다. 브루스 왓슨의 《빵과 장미》(홍기빈 옮김, 빵과장미, 2024)를 참조할 것.

해자들은 주로 멕시코, 온두라스, 엘살바도르, 태국, 베트남 쪽에서 넘어온 이민자들이었다. 사업주는 노동자들에게 고정 임금이 아닌 옷 생산량에 따른 차등임금(piece-rate)을 지급했다. 하지만 이것으론 최저 임금에도 미치지 못했으니, 노동자들은 초과 노동을 해야만 겨우 먹고살았다.

 잘못된 유산은 끈질기게 부유한다. 지독한 고생 끝에 성공한 이민자의 경험은 다른 이민자의 저임금을 정당화하는 연료로 사용된다. 1999년에 제정된 캘리포니아 주법 AB 633은 의류 제조업에서 노동자 보호를 강화하기 위해 기존 노동법을 대폭 수정한 법안이었지만, 봉제 공장의 변화는 느렸다. 2023년 9월 LA 카운티 검찰은 임금 착취, 최저 임금 위반, 초과 근무 수당 미지급 등 노동법 위반을 전담하는 노동정의부(Labor Justice Unit, LJU)를 신설하고 첫 기소를 두 명의 한인업주를 상대로 했을 정도다.* 관행을 더 이상 묵과하지 않겠다는 강력한 경고였다.

 최저 임금 차등 적용은, 최저 임금이 현실적이지 못한 것보다 더 나쁘다. 노동자들 스스로가 '덜 받아도 되니' 일만 하게 해달라고 할 가능성을 높이기 때문이다. 연대는커녕 노동자들

---

* "임금 착취 자바 한인들 시급 고작 7달러 줬다", 〈미주 중앙일보〉, 2023. 10. 20.

끼리 분열될 게 뻔하다. (앞선 글에 등장한 가상의 사례처럼) 다급한 사람은 최저 임금보다 적게 받아도 된다는 각오로 자신의 경쟁력을 보여줄 수밖에 없다. 모두가 비굴해지면, 최저 임금만 맞춰달라는 것도 지나친 요구가 된다. 아무리 항의한들, '싫으면 관두면 된다'는 빈약하고 투박한 폭력의 문장만이 부유한다. 이런 추임새가 어찌 없겠는가. "뭘, 그렇게 대단한 일을 하신다고, 최저 임금을 달라는 건지." 그 세상에선, 최저 임금 지키는 것만으로도 고용주는 대단히 착한 사람이 된다. 그러면 노동자들은 나쁜 작업 환경을 문제 삼지 못한다. 더 나쁜 고용주도 있는 것에 비하면 별 게 아니니, 최저 임금 받는 것만으로도 무한 감사를 해야 한다.

차등 적용은, 단순히 금액의 차이가 아니다. 영국, 아일랜드 이민자들은 영어를 못하는 새로운 이민자들을 천대했다. 이탈리아, 벨기에 이민자들은 문화가 미개하다면서 새로운 이민자들을 차별했다. 한국 이민자들은 천성이 게으른 인간들 때문에 화가 난다며 새로운 이민자들을 무시했다. 이처럼, 차등 적용은 사람을 수직적으로 분류하는 버릇을 유도한다. 끊임없이, 어떤 인간들은 최저 임금조차 받을 필요가 없는 이유를 만들어낸다.

그래서 논의조차 되어선 안 된다. 이 문제가 이주 노동자들로 좁혀지면, 인종 차별에 가까운 말들이 한 치의 부끄럼 없이 등장한다. 그 사람들이 어떤지 말해주겠다는 글들을 보면, 개고기 먹는 한국인들의 실상을 알려주겠다면서 저임금을 정당화했던 논리와 하나도 다르지 않다. 그런 편견을 한인들은 어떻게 견뎠는가? 어떤 것도 따지지 않고 버티는 것만이 유일한 살길이었다. 조금도 눈 밖에 나는 행동을 하지 않으니 겨우 인정받았다. 무엇을? 다른 아시아인들보다는 착하고 성실한 아시아인이라는 것을. 누구에게? 백인에게. 그래서 다행인가?

한국에서 일하는 수많은 이주노동자들도 마찬가지로 버티고 있다. 억지로 김치를 먹으며, 억지로 감사하다는 말을 남발하면서, '한국 사람 다 됐네'라는 말을 한번 듣기 위해 자세를 낮춘다. 자존감 따위는 조금도 중요하게 여기지 말라는 우주의 기운이 지역별, 업종별로 결합하면 어떤 일이 벌어지겠는가. "아이고 이런 시골에 사는데, 최저 임금이 굳이 필요하진 않죠"라고 말하는 사람이, "아이고 하는 일이 단순한데, 최저 임금 안 받아도 충분하죠"라고 말하는 사람이 겨우 일자리를 구할 거다. 좋은 사회인가?

최저 임금엔 그 사회를 인간답게 살아갈 빵과 장미가 정당하게 포함되어야 한다. 맨날 잘 먹는 사람이라면 물에 밥 말아서 김치를 곁들이는 한 끼가 평소보다 소화도 잘 되는 기분 좋은 순간이겠지만, 매일 그것만 먹어야 한다면 곤욕이다. 최저의 기준을 올려야만 반찬이 늘어난다. 그리고 현대 사회에서 가족들끼리 한 달에 피자 한 번 먹는 게 대단한 사치는 아닐 거다. 50년 전이라면 피자 못 먹는다고 박탈감 느끼는 사람이 없었겠지만, 그게 지금에도 그림의 떡이라면 그 사회의 최저 임금은 문제가 많은 거다. 그 피자, 이주 노동자에겐 더 저렴한가? 시골 거주자들은 할인이라도 받는가? 단순노동 업종 종사자들에게는 1+1 특혜라도 있는가?

돈 갖고 장난치는 거 아니라는 말이 있다. 그 장난을 사람 가려 하는 걸 차별이라 한다. 차별할 만한 이유가 있다는 걸 혐오라 한다. 최저 임금 차등 지급은, 불평등을 어쩔 수 없는 것으로 인식하며 어차피 모두가 존엄할 수 없다는 전제에서 출발한다. 차별은 개인의 몫이라는 편견이 가득해야지만 상상할 수 있다. 더 차별하겠다는 게, 어찌 정책인가. 더 비굴해지는 게, 어찌 미래인가. 열심히 노력해서 다른 일을 하면 된다는 게 불평등 문제의 유일한 해법인 사회를 희망할 순 없다. 참고로, 노무현 정신을 계승한다는 이준석의 캐치프레이즈는 '압도적 새로움'이었다. 최저 임금 온전히 받고 싶으면 남들과의 경쟁에서 이기면 되지 않냐는 발상이 어찌 새로움일까. 무척이나 사회에 해롭다. 압도적으로.

히틀러도 말했다,
국민저항권을

　　본래 말이라는 건 떠돌면서 뜻이 달라지기도 하지만, 언어의 맥락이 찌그러져서 부유하는 걸 보고 있으면 '어? 저 단어의 의미가 저게 맞나?'라는 생각이 드는 게 사실이다. 사람 한 명의 납작한 언어라면 그저 내가 부끄러우면 그만이다. 문제는, 그 사람 지키겠다는 사람들이 자신들의 행동을 정당화하기 위한 구실로 언어를 멋대로 오용할 때다. 12·3 비상계엄 이후, 그리고 2025년 4월 4일 11시 22분까지 나는 이 황당함에 많이 지쳤었다.

　　서부지법 폭동을 '시민 불복종'으로 해석하는 사람도 있었다. 인터넷 세상 어딘가에서 떠도는 말이 아니라 어떤 교수가 라디오에서, 어떤 정치평론가가 TV에서 망설임 없이 말했다.

심지어 전태일이 연결되어, 그들이 그럴 수밖에 없는 이유가 보충되기도 한다. 한 목사는 '국민저항권'이란 단어를 연일 부르짖는다. 이 울컥한 단어가 그리 얄팍하게 떠도는데 어찌 슬퍼하지 않을 수 있단 말인가.

역사가 평가하는 국민저항권은, 저항하면 죽는 마당에도 인간의 존엄성을 위해 꿈틀거렸던 순간들이었다. 그러니 울컥하다. 하지만 이 말을 퍼 나르는 이들이 뱉는 추임새는 죄다 이렇다. 빨갱이들, 종북좌파, 가루가 될 것이다, 너희들이 살 길은 이것뿐이다 등등. 이건 죽을 각오가 아니라 죽이겠다는 결의다. 두려움을 이겨내려는 용기가 아니라, 상대를 두렵게 하겠다는 폭력이다. 역사 속 저항자, 불복종자 들에게는 없었던 맥락이다. 그러니 얄팍하다.

"행동하지 않는 양심은 악의 편이다!" 김대중 전 대통령(이하 'DJ')의 말이다. 이게 어떤 맥락에 붙었을까? 보수의 새로운 아이콘이 되었다는 한 역사 강사는 칠판에 이 글귀를 적어놓고 지지자들에게 호소한다. 대한민국이 무너지고 있으니 행동하자고. 그러니 탄핵을 반대하는, 헌법재판소가 이념적이라는, 계엄은 계몽령이었다는, 중국 사람 꺼지라는 등등의 말을 내뱉는 이들이 DJ의 교훈을 외치면서 결집한다. 한국사에서 계엄의 가장 큰 피해자였던 정치인이 그런 맥락에서 사용했겠는가. 이 말은 1975년 4월 19일 〈씨알의 소리〉 창간 5주년 기념 시국 강연회 연설에서 등장했다. 1973년에 납치되어서 죽기 직전까지 갔던 사람은 국가 폭력이 일상이었던 서슬 퍼런 유신 시절에도 두려움을 이겨내고자 했다. DJ는 "방관은 최대의 수치, 비굴은 최대의 죄악"이라며 행동의 필요성을 강조했다. 또 죽을지도 모를 각오로 말이다.

그만큼 절실했다는 표현이 아니라 정말 그런 시절이었다. 1974년 1월 8일에 공표된 긴급조치 1호는 유신헌법을 조금이라도 비판하면 영장 없이 체포될 수 있다는 협박이 가득하고 "이 조치를 비방한 자는 비상군법회의에서 심판, 처단"한다며 끝맺는다. 토 달면 인생 끝난다는 말이다. 같은 해 4월 3일에 등장한 긴급조치 4호는 희대의 문장들로 가득하다. 전국민주청년학생총연맹(민청학련)을 짓밟고자 만든 이 조치는 학생들이 시위하거나 이유 없이 결석하면 문교부 장관이 학교도 폐교시킬 수 있다는 겁박이 공식 문서로서 등장한다. 이 황당한 조치를 비방한 자는 사형에도 처할 수 있다는 더한 황당함과 함께.

그때의 말이다. 악은 무엇이고 양심의 방향이 어디로 가야 하는지, 그 시대의 맥락이 고스란히 담긴 말이다. 박정희 독재 정권은 '공산주의자들과 결탁한 반국가적 행위'라는 명목으로 수많은 이들을 끌고 갔고, 고문했고, 심지어 죽였다. 윤석열 대통령이 계엄을 발표하면서, 국회의 탄핵 의결을 앞두고 국민 담화문을 말하면서, 헌재에서 계엄의 사유로 부정 선거를 언급하면서 수없이 뱉은 말이 무엇이었나. 친북, 반북, 종북 그리고 반국가 아니었던가.

DJ의 말을 여기저기 갖다 붙이는 건, 히틀러가 《나의 투쟁》에서 국가에 대항하는 국민의 저항을 시민의 권리이자 의무라고 한 것과 마찬가지다. 히틀러는 국민저항권을 불씨 삼아 정권을 잡았고 이후 나치 독일을 정당화하고 보편적 인권의 크기를 찌그러트렸다. 국민저항권은 보편적 인권에 '나도 포함시켜달라!'는 절규인데, 그게 역사에서 오용되니 인종을 차별할 자유 따위가 만들어져서 '홀로코스트'라는 비극으로 이어졌다. 색깔론 없이는 세상을 볼 수 없는 이들이, '행동하지 않는 양심은 악의 편'이라고 하고 있으니 어떤 세상이 도래했는가. 거기에 도취된 이들이 재판관 집을 찾아가 조롱하고, 인권위 앞에서 사람들을 겁박하고, 대학을 찾아가 학생들에게 시비를 건다.

맥락 없는 말은 윤석열 정부 내내 이어졌다. 기념일마다 기념일 취지와 도무지 어울리지 않는 연설이 반복되었는데 권한대행도 그걸 자랑이랍시고 이어받는다. 2025년 3월 1일의 기념사는 어떠했는가. 국민 통합, 국민 통합이 처음과 끝이었다.* 통합에는 전제가 있어야 한다. 현재의 갈등이 어느 쪽으로 통합되어야 하는지를 명확히 밝혀야 한다. 삼일절이나 광복절에 통합을 언급한다면 일제강점기에 대한 책임을 철저히 묻는 방향, 일본의 미온적인 사과를 비판하는 방향이 먼저 드러나야 한다. 그 결을 다 제쳐두고 그저 통합이라는 말만 내세우는 건 '좋은 게 좋은 거 아니겠느냐'는 괴상한 가치관만을 부유하게 한다. 그게 사람을 어떻게 괴롭혔는가. 비판 좀 했다고, 분열을 조장해 갈등을 야기한 위험 인물로 매도된 이들이 얼마나 많았는가. 성차별을 따진 사람은 남녀 갈라치기의 주범이 되었고 양극화를 비판한 사람은 계층 간 혐오를 부추겼다면서 말이다. 언젠가부터 일제강점기의 끔찍함을 짚으면, 한일 양국의 미래를 방해했다고 하지 않던가. 그런 와중에, 통합이라니. 그것도 삼일절에.

'그날의 하나된 외침, 오늘의 하나된 대한민국.' 기념일의 주제였다. 권한대행이 국민 통합이라고 강조할 때마다 뒤편에 적힌 그 글귀가 강하게 겹쳐졌다. 그날, 모두가 하나되어 만세

---

* "최상목 대행 "3·1운동 가르침은 통합의 정신… 국민 통합 무엇보다 중요"", 〈KBS뉴스〉, 2025. 3. 1.

를 외쳤으니 오늘도 제발 하나가 되자는 의도였을 거다. 하지만 3·1 만세운동은 그저 많은 이들이 참여했기에 의의가 있는 게 아니다. 아닌 걸, 아니라고 목숨 걸고 말했기에 대표적인 국민 저항으로 평가받는다. 처음엔 서구 열강에 식민지 지배의 부당성을 알리는 목적으로 지식인 위주로 기획되었던 행사가 민중들에게 들불처럼 번진 이유는 일제가 원하는 통합은 상식이 아니라는 걸 모두가 몸으로 느끼고 있었기 때문이다.

이 거대한 힘이 있었기에 식민지 지배에 대한 단순한 저항이 아니라, 새로운 국가를 건설하려는 목표가 구체적으로 나타날 수 있었다. 군주제인 대한'제'국이 아니라 공화국인 대한'민'국을 염원하는 역사의 물결을 상해임시정부는 배신하지 않았다. 괜히 헌법 전문(前文)에 3·1운동으로 건립된 대한민국 임시정부의 법통을 계승한다고 쓰여 있는 게 아니다. 그런데, 윤석열 정부는 임시정부를 대한민국의 시작점으로 보기 어렵다는 주장을 하는 뉴라이트 인사들을 주요 기관 곳곳에 배치했다. 육군사관학교가 독립군 장군들의 흉상을 이전하기로 한 이유는 얼마나 추잡했는가. (다행히 안 하기로 했다.) 그래 놓고, 통합이라니.

3·1운동의 교훈은 아닌 것을 아니라고 할 때, 역사는 진보한다는 것이다. 윤석열은 국회를 범죄자 소굴이라고 했다. 어떻

게 통합을 한단 말인가? 윤석열은 자신의 전화 통화 지시를 들은 국정원 1차장에게 술 취한 거 아니냐면서 의심했다. 윤석열 변호인은 부당한 명령을 거부한 수방사 1경비단장에게 '의인인 줄 아나'면서 빈정거렸고 암 투병 중인 경찰청장을 향해선 조사받을 때 섬망 증세 없었냐면서 별의별 공격을 가했다. 어찌 통합이 가능하겠는가.

내란 우두머리를 지키겠다는 이들은 국민 저항, 시민 불복종 등의 엄중한 단어를 맥락 다 제거해 멋대로 사용하면서 헌법재판소를 협박하고 판사를 겁박했다. 통합이 가능한가? 누구는 이런 사고의 앙상함을 유발한 당사자를 "하해와 같은 마음으로 용서하자"라고 했다.* 상식, 비상식 따지지 말고 서로 이해하고 잘 지내자는 건데 그런 통합은 대한민국이 월드컵 4강에 오를 때만 해도 충분하다.

* "전 서울대 총장 '하해와 같은 마음으로 용서'… 윤석열을?", 〈한겨레〉, 2025. 4. 2.

그들은 'MZ세대'라는
덫을 놓고 있다

　박사 과정 때, 386세대의 생애를 추적하는 연구를 했다. 1990년대 후반에 등장한 386세대 담론이 2000년, 2004년 총선을 거치면서 가장 활발해진 시기였다. 세미나 때마다, 1980년대의 정치적 격변기를 마주한 이들을 20년 넘도록 동일한 범주로 묶을 수 있는지를 치열하게 토론했다. 세대를 간단명료하게 규정할 수 없다는 논의는, 상투적이지만 결코 피해갈 수 없는 세대'론'의 운명이다.
　먼저, 세대 내에 다양한 층위가 존재할 수밖에 없으니 '엘리트 대학생'이라는 부분을 전체로 볼 수 없다는 의견이다. 386세대가 60년대에 태어나 80년대에 대학을 다니고 (1990년대에는) 30대가 된 이들을 뜻하는데, 어찌 대학생 전부를 한 그룹으로 묶을 수 있냐는 거다. 그러면, 당시는 고등학교 졸업자의 대학 진학률이 30%대였으니 가능했을 거라는 의견이 등장한다. 동년배의 3분의 1만이 대학생이 된다면 대학생의 엘리트 의식이 분명 광범위하게 존재할 수 있다는 거다. 하지만 토론은, 비슷비슷한 경험을 공유했다 할지라도 모두가 이 토대 위에 생애사를 차곡차곡 쌓으며 가치관을 정립할 순 없지 않냐면서 이어진다. 거칠게 정리하면, 사람이 나이가 들면 젊을 때 때깔이 빠지는 게 당연하다는 거다.

세대론의 허점을 찾는 질문들이지만, 386세대는 담론의 파이가 꽤나 컸고 농도는 진했다. 언론에서 만든 단어에 불과하고 학자들의 설명 도구일 뿐이라면서 평가절하하기에는 생명력도 파급력도 무시할 수준이 아니었다. 그들은 시간이 흘러감에 따라 486세대가 되었어도, 586세대로 불리면서도, 한국 사회 한가운데서 (좋든 나쁘든) 오르락내리락을 거듭한다.

세대의 응집력이 한때의 특별했던 순간에만 생성된 것이 아니라, 오랫동안 그 덩어리를 굴리고 있지 않고서는 불가능한 현상이다. 시작은 동년배 안에서의 작은 조각이었을 거다. 작지만 강력했다. 목적의식 뚜렷한 정치적 세대로서 조각 이상의 힘을 발휘했다(1980년대). 그러니 사회적으로 의미 있게 '명명되어' 주목받고(1990년대), 시시때때로 '호출되어' 의미 있게 다뤄진다(2000년대). 이 과정이 반복되면, 일부가 전체 덩어리를 움직이는 구심력이 되어 파도를 만든다. 옆에 있는 조각들도 덩달아 같은 방향으로 흘러가며 서로 끌어주고 밀어준다. '지금까지도' 정치 분야는 물론이고 사회 곳곳에서 여론의 생산자이자 확장자로 386세대가 여전히 힘을 보여주는 이유다. 정체 불명의 세대 이름만 나부끼는 세상이지만, 전 세계를 통틀어 386세대만큼 또렷하게, 광범위하게, 지속적으로 언급되는 경우는 드물다.

1960년대 말 일본의 전학공투회의(전공투)를 이끌었던 단카이 세대(団塊の世代)도 유명하지만 386세대와는 결이 좀 다르다. '덩어리'라는 뜻의 단카이 세대는 제2차 세계대전 직후인 1947년부터 1949년 사이에 태어난 베이비 붐 세대를 가리킨다. 이들과 부모 세대를 구분하는 전쟁 경험의 유무는 엄청난 가치관의 차이로 이어졌고, 전통에 반기를 든 단카이 세대는 일본 현대사에서 가장 격렬했던 사회 운동을 이끌었다. 대학 해체, 자본주의 타도를 부르짖으며 베트남 전쟁을 반대하고 반미 투쟁에 앞장섰으니 얼마나 파괴적이었겠는가. 하지만 이 공동 투쟁은 큰 결실을 맺지 못했고, 이후 이들은 체제 순응적인 산업 전사가 되어 일본의 버블 경제를 이끌었으니 정체성의 이어짐이 386세대와는 다르다. 386세대는 민주화와 군부

독재 종식이라는 시대적 결실에 큰 공헌을 했고 이후 (사교육과 부동산 욕망을 확산시키긴 했지만) 큰 틀에서 진보라는 정치적 지향을 늘 고수했다.

강렬한 문화 세대라 불리는 X세대도 덩어리의 힘이 큰 편이다. 1970년대에도 통기타, 블루진, 생맥주가 청년의 상징이라는 이야기를 언론이 만들었지만 정치 상황을 외면하는 '가벼운 논의'라 하여 동년배 내부의 구심력으로까진 작동되지 않았다. 개인적인 것이 이기적인 것으로 취급당할 수밖에 없었던 엄중했던 시절 아니었던가. 80년대도 비슷했다. 대중문화의 힘이 커졌지만, 정치 문제보단 아래였다. 당시 대학생들은 팝의 황제 마이클 잭슨을 '몰래' 좋아했을 정도로, 즐기는 게 미안하던 시대였다.

이 관념에 균열이 생긴 게 1990년대다. 1987년 민주화 항쟁 이후의 개인들은 시대를 고민해야만 하는 무거움을 (약간) 내려놓고 자신에게 (최소한 80년대보다는) 솔직해지려고 했다. 당시의 1020세대들은 그 시기와 맞물려 외연이 확장된 대중문화를 함께 공유하면서 서로들 사이에 흐르는 동질성을 '동년배 의식'으로 키워나갔다. 사람들은 대중문화 빅뱅의 시대가 선사한 혜택을 듬뿍 누렸다. 그 경험은, 잊을 만하면 '1990년대' 라는 이름으로 지금도 호출 중이다. 드라마 〈응답하라〉 시리

즈의 성공은 특정 세대의 향수가 일반적인 추억 수준보다 짙었다는 증거다. 그 시절을 주름잡았던 가수들을 소환하는 음악 프로그램은 얼마나 많은가. 심지어 90년대 음악만 틀어주는 술집도 있다. 한번 뭉쳐진 세대'론'은 X세대에게 삶의 이정표가 되었다. 디지털에 익숙하고 개성을 존중하며 문화의 의미를 중요시 여긴다는 X세대 설명처럼, 많은 이들이 '그러기 위해' 노력했다. X세대의 슬로건을 의식하고 삶의 방향을 의도적으로 맞추었다. 이런 식으로 어떤 세대는 뭉쳐져 굴러가면서 뚜벅뚜벅 시대를 관통한다.*

386세대와 X세대는 동년배의 집단 경험, 그리고 이후 끊임없는 사회적 소환으로 완성되었다. 이들은 사는 게 바빠 정신이 없어도 '아, 내가 그때 그랬지'라면서 다시 과거의 정체성을 현재에 이어 붙였다. 이 사회적 소환에 미디어의 지대한 도움이 있었다. 386세대는 어떠하다고 할수록, 386세대는 적극적으로 사회 문제에 개입했다. X세대는 어떠하다고 할수록, X세대는 적극적으로 문화 소비에 나섰다. 그리고 대한민국의 정치·문화 지평은 넓어졌다. 세대론의 긍정적인 사례라 할 만하

---

*   나는 《나는 태어나자마자 속기 시작했다》(동양북스, 2018)에서 X세대의 특별함을 "응답하라! 응답하라! 90년대 문화는 왜 특별했을까?"(219~227쪽)라는 질문으로 접근한 바 있다.

다. 외부에서 주입된 연료가 내부를 단단히 하고, 그렇게 표출된 에너지가 사회를 역동적으로 만들었으니 말이다.

이야기가 길었다. MZ세대'론'은 그렇지 않다고 말하기 위해서였다. MZ세대라는 말들이 여기저기 부유하면, 세상은 점점 나빠진다. MZ세대라고 스스로를 인식하는 사람의 문제가 아니라, MZ세대를 도구로 사회를 말하고 싶은 일련의 분위기가 나쁘다는 거다. MZ세대는 신조어고 유행어다. 밀(M)레니얼세대와 Z세대를 묶어 부르는 건데, (1981~1995년에 태어난) M세대든 (1996~2009년에 태어난) Z세대든 다 소비자 분석을 위한 상업적 구분으로 만들어졌기에 당사자들이 더 낯설어한다. 386세대와 X세대가 여기저기서 언급될 때마다 '그래! 우리가 그런 특징이 있지!'라면서 수긍하고 결집하는 특성과는 전혀 다르다. 그럼에도, 많은 이들이 '엠쥐~ 엠쥐~' 그러면서 유행에 탑승하는 이유는 어딘가 탐탁지 않은 젊은 세대를 말하고 싶은 윗세대의 버릇 때문일 거다. 하지만 이건 막연한 비난이기에 MZ세대를 움직일 패러다임이 되지 않는다. 세대가, 외부의 말들을 동력으로 삼는 건 자신들의 특별성을 인정받는 기분이 들 때다. 386세대, X세대가 민주주의와 대중문화를 특별히 이끌어간다는 정체성으로 동질감을 유지하려고 했듯이.

단어만 있지, 실체는 없는 세대가 어느 순간 응집력을 발휘

한다. 효율성을 중시하고 공정에 예민한 집단으로 호명된다. 여기까진, 긍정적이다. 그런데 그들의 시대정신은 대단히 협소한 곳으로 향한다. "우리는 이렇게 생각한다!"가 아니라, "우리는 저들이 싫다!"가 노골적이다. 외부에서 어떤 에너지가 투입되어, 세대를 어떻게 움직이게 하는지를 유추할 수 있는 기사 제목을 모아보면 이렇다.

MZ세대 올드한 쟁의에 염증

민노총에 질렸다, MZ 노조 급팽창

민노총에 왜 끌려다니나, MZ 노조원이 지하철 정치 파업 끝냈다

젊은 직원 팔아 밥그릇 챙기는 기성 노조에 염증, 싹 새로 고치자

투쟁 말만 봐도 토 나와, 노조 갑질 반기 든 현대차 MZ세대

정치 파업 양대 노총에 염증 MZ 노조, 노동 운동 세대교체 연다

MZ에게 외면받는, 꼰대 민주노총

생산직과 차별화 MZ세대의 반기, 대기업 고민 깊어진다

탈정치 MZ 노조, 세력 점점 커진다

적이 너무 선명하다. MZ세대라면 파업하면 안 될 것 같고, 빨간 띠 두르고 집회하면 안 될 것 같다. 민주노총과는 상종 불가다. 노조가 정치적 목소리를 내는 건 단연코 거부해야 할 분

위기다. 정부의 정책 하나하나가 노동자의 삶과 연결되지 않는 게 없기에, 노동자의 정치 투쟁은 헌법이 보장하는 권리라는 건 청소년에게 노동법을 설명하는 책에서도 등장하는데 말이다. 그러니 이런 언론 비평까지 등장한다. "윤석열 정부는 이들의 출범을 환영하면서 민주노총, 한국노총 등을 비판하는 데 활용하고 있습니다."*

그들은 덫을 놓고 기다린다. '맞아! 나도 MZ세대지!'라면서 맞장구치길 기다린다. 그 결과, 비정규직의 정규직화 반대가 노조 설립의 이유로 언급되고** '비정규직 직고용에 반대한다'는 내용의 지하철 광고 게재가 추진되기도 했다.*** 이런 명명과 호명이 구심력의 연료가 되어 2030 세대 다수가 자신들을 MZ세대로 이해하고 행동할 때 무슨 일이 발생할까? MZ세대'론'에 자신을 맞추는 이가 많아져 정말로 덩어리가 커지면 사회에 어떤 공기가 흐를까? 그들은 차별에 찬성하는 세대가 미래를 관통하길 기대하고 있다. 그 덫에 걸리지 마시라.

---

* "[뉴딥] '정치 투쟁 안 하겠다'는 MZ 노조 정부가 환영하는 이유?", 〈JTBCnews〉, 2023. 2. 27.
** "공기업서도 MZ세대 노조 등장… '정규직화 과정 역차별에 반감'", 〈서울경제〉, 2011. 8. 11.
*** "MZ 노조의 '무분별한 정규직화 반대' 지하철 광고 불허", 〈조선일보〉, 2021. 10. 8.

시험 공화국

'○○과학고 출신'

전문의를 새로 초빙했다는 병원 현수막에서 본 문구는 묘했다. 의사라고 같은 의사가 아니라는 저 투박함에, 오만함보단 애잔함이 느껴졌다. 힘들게 의사가 되어서도, 어떻게든 살아남으려면 잘난 걸 하나라도 더 강조해야 하니 말이다. 그 '잘남'을 증명하는 가장 확실한 방법은 어려운 시험을 통과했음을 계속 언급하는 것 아니겠는가. 전문의라는 타이틀이, 의사 시험 합격에 의대 시험 합격을 보증하는 거지만 여기에 하나 더해 과학고도 합격했음을 드러내려는 저 마음을 나도 백분의 일 정도는 안다.

박사 학위를 취득하려면 논문 통과만이 아니라 박사 과정

중에 학술지 논문 게재 실적이 있어야 했고 영어와 제2외국어 시험에 합격해야 했다. 성가시게 했던 건 제2외국어였다. 다른 건 자연스럽게 따라오는 거였지만 고등학교 이후 작별했던 생소한 언어를, 그것도 '시험용'으로 공부해야 하는 스트레스는 어마했다. 나는 독일어를 선택했는데 두 번이나 떨어지고 나서야 턱걸이로 통과했다. 간절했으니 얼마나 기뻤을까. 합격이란 문자를 보고 만세를 불렀던 기억이 선명하다.

  이 비생산적인 과정은 4~5년이 지나서 사라졌는데 내가 장난스럽게 으쓱댄 것도 그때 즈음이었다. 논문을 작성 중인 사람을 만나거나 대학원 후배들을 볼 때면 매번 "나는 독일어 시험도 쳤어!"라면서 우스갯소리를 하곤 했다. 한심한데, 시험이란 그렇다. 도대체 이게 왜 필요한지는 납득이 되지 않아도, 통과하지 않으면 안 되니까 해야 한다. 그래서 공부가 아니라 답을 골라내는 직관과 오답의 함정에 빠지지 않을 요령만을 체득한다. 이 효율성에 적응할수록 내가 무엇을 하고 있는지 자괴감이 들기도 하지만, 합격의 순간 모든 건 긍정적으로 승화된다. 노력에 대한 정당한 보상을 받았다는 우쭐함과 관문을 정의롭게 통과했다는 오만함까지, 이 엄청난 감정들을 단지 시험에 합격했다는 사실 하나가 정당화한다.

  시험 좋아하기로 유명한 정치인 이준석은 당 대표가 되자 대변인을 '배틀'로 뽑고* 선거 공천에 필기시험(공식 명칭은 '국민의힘 공직후보자 기초자격평가') 합격이라는 자격 조건을 내걸었고 실제 시행했다. 비정규직의 정규직 전환을 반대한다는 정규직들은 '공부하는' 퍼포먼스를 시위랍시고 선보인다.** 억울하면 합격하라는 건데 강자를 향해 약자가 작은 돌멩이 하나 던지는 퍼포먼스가 아닌, 약자를 거대한 바윗덩어리로 누르며 계속 약자로 살 것을 천명하는 이런 시위가 가능한 이유는 시험이 곧 도덕이고 윤리이기 때문이다. 그러니 열악한 노동 환경에서 허우적거리는 사람들이 모욕감을 느끼는 건 안중에 없다.

문재인 정부가 젊은 여성을 청년 비서관으로 선발하자, '시험도 안 친 주제에' 1급 공무원이 되어 거액의 연봉을 받는다는 비난이 불쑥불쑥 등장했다. 유명 학원 강사들은, 시험을 준비하는 이들의 박탈감을 근거 삼아 그 '정치 행위'는 불공정하다고 열을 올린다. 이게 또 언론을 통해 확대 재생산된다.***

---

* "'나는 대변인이다' 토론 배틀?… 이준석의 '공정'에 물음표", 〈한국일보〉, 2021. 6. 16.
** "'콜센터 직원 정규직 전환 안 된다' 서울교통공사 MZ세대 집단 반발", 〈매일경제〉, 2021. 6. 18.
*** "'박성민 논란'에 분노한 청년들… 공시생 '해임 청원' 이어 고대생 '박탈감닷컴' 개설", 〈세계일보〉, 2021. 6. 26.

이 정도면 그냥 시험 공화국 국민이다. 정치의 맥락 따윈 안드로메다에 던져버리고 청와대를 '보수 좋은' 공기업으로 이해하고 있으니 말이다.

시험만 외치는 작금의 상황은, 사람이 시험에 몰두할수록 세상을 납작하게 바라보고 있음을 분명하게 보여준다. 시험은, 시험과 관련 없는 것을 철저히 자신의 삶에서 배제시키게끔 한다. 열심히 공부할수록, 세상을 읽는 눈은 빈약해진다. 바늘구멍을 통과하려는 경쟁의 강도가 세지면서 그 기간이 길어지면 역설적으로, 바늘구멍을 개선하자는 정치를 불신하고 구멍 이외의 사회를 상상하는 걸 금지한다. 시험을 통과한 이들의 성과와 통과하려는 이들의 의지를 존중한다. 불평등한 세상에서 살아남으려는 개인의 합리적인 선택이었을 거다. 하지만 그게 유일한 사회적 해법이 되어서야 되겠는가. 이러다가 아파트 분양도, 유치원 배정도 시험으로 할 판이다. 들어가기 어렵다는 호스피스 병동도 사전에 시험에 합격한 이들에게 우선권을 주면, 공정할까?

시험 공화국에선 '좋은'이란 수식어가 붙을 수 있는 학교와 아닌 학교가 선명하게 구분된다. 무엇이 좋은 건지, 얼마나 좋은 게 좋은 건지에 대한 논의를 할 필요가 없기 때문이다. 시험 결과로 나눠지는 대학은 오래전부터 이 기준으로 좋고 나쁨이 구분됐다. 그 범주에 따라 누군가는 학교 이름을 당당하게 말하고, 누군가는 얼버무린다. 커리큘럼이 전인적이라고, 구성원들이 성 인지 감수성이 높다고, 학교에 근무하는 노동자들이 정당한 대우를 받는다고 해서 좋은 대학이 되지 않는다. 줄 세운 고등학교 성적에 따른 상위 몇 그룹의 대학만이 '좋은 대학'이라고 불려도 어색하지 않을 자격을 얻는다.

나는 《우리는 차별에 찬성합니다》에서 학교 이름이 적힌 야구 점퍼를 모든 대학생들이 입는 건 아니라고 했다. 공교롭게도 서열화에 따라 차이가 확연했다. 수능 배치표 위로 갈수록 많이 입었고 아래일수록 줄었다. 그러다가 일부 명문대에선 학교 점퍼에 고등학교 이름을 새기는 학생이 등장하기도 했다.* 이들은 만우절에 고등학교 교복 입고 오는 퍼포먼스에 적극적으로 동참하는 '명문고 출신' 무리이기도 하다. 만우절이라고, 모든 대학생들이 고교 시절의 추억을 소환하지 않는다는 거다. 학교 이름만 들어도, '우와, 공부 잘했네'라고 반응이 나올 만한 일부만이 그런 행동을 한다.

고등학교도 대학처럼 서열화되었으니 가능한 일일 거다. 과거 인문계니 실업계니 정도로 구분되는 수준이 아니라 훨씬

---

* "나 이런 사람이야… 출신高까지 새긴 학교 점퍼", 〈서울신문〉, 2016. 3. 15.

촘촘하고 날카롭고 투박하다. "그 고등학교 좋아요?"라는 물음에 대한 답은 두 갈래뿐이다. 서울대 합격자가 많으면 좋은 거고, 그러지 않으니 나쁜 거다. 시설 노후? 스카이 대학에 많이 보내면 상관없다. 학교 비리? 명문대 합격률이 높은 장점에 비하면 새 발의 피다. 대학, 고등학교 다음은 중학교, 초등학교인데 이미 그런 패러다임이 깊숙이 침투했다. 심지어 최근에는 7세 고시, 4세 고시라는 말까지 등장했으니 말이다.

제주에 살 때 첫째가 중학교에서 받아온 오리엔테이션 자료에는 '학부모 실태'라면서 이런 설명이 있었다. 도농 혼합 지역으로 학부모들은 대부분 생산직에 종사, 저소득층 및 결손 가정이 많음, 가정 학습 지도가 어려움 등등. 눈을 의심했다. 이걸 학생들에게 직접 나눠줬다고? 대부분이 생산직이라면서, 그 '대부분'을 배려하지 않는 투박함이 무서웠다. 사실을 적시한 것에 불과한데 괜히 예민하게 구는 거 아니냐는 사람도 있겠다. 하지만 언급된 정보들은 본래의 뜻만이 건조하게 파편적으로 떠도는 게 아니라, 일상에서 다뤄졌던 익숙한 연관 이미지와 '교묘하게 엉켜서' 해석될 수밖에 없다. 도시가 아니기에 생산직 노동자가 많고, 그래서 가난하고, 전통적인 형태가 아닌 가족이 많아서 '문제'라는 자연스러운 흐름으로 말이다. 농촌을 홍보진 않았지만 세련된 도시와 비교하게끔 하고, 생

5부 사회를 뒤로 돌리는 말들

산직을 비하하진 않았지만 사무직이 아니라 우려스럽다고 여기게 한다. 요약하자면 '동네 수준이 낮아서, 공부는 포기해야 함' 정도 아니겠는가.

학교 아무개의 문제가 아니다. 동네 곳곳에서 누구나 대수롭지 않게 '들었거나 했을' 분석이다. 아이가 입학을 앞두고 동네 미장원에 함께 갔을 때의 일이다. 두런두런 이야기를 하다가 이번에 ○○중으로 입학한다고 하자, 당사자가 코앞에 있는데도 미용사는 "거기 애들 공부 못하는데"라고 하고, 다른 손님 아무개는 "중학교부턴 아무 데나 보내면 안 되지"라면서 맞장구를 치는 게 아닌가. 이게 가능한 모든 이유가, 이 학교가 '유명한' 중학교가 아니어서다. 그 이유뿐일 거다. 세상이 끊임없이 학교의 시험 성적을 갖고 우열을 나누는 것에만 익숙하니, '여기 학생들 왜 그래?'라면서 자기들끼리 주고받았던 편견 가득한 푸념들이 고스란히 '학교 생활 안내서' 안에 활자로 찍혀 학생들 손에 쥐여도 누구 하나 이상하다는 생각을 못 했을 거다.

신문을 넘기다 보면 '좋은 학군 덕에 집값 고공행진'이라는 식의 기사를 종종 만난다. 언론이 부동산 폭등을 환영하는 것도 문제지만 학벌주의 조성에 앞장서는 풍토는 예전이나 지금이나 여전하다. 좋은 학군이 아니라 '입시 최적화' 학교가 주변에 많아서라는 표현이 적확한 거 아닌가. 시험 성적 자체가 하나의 도덕이자 윤리가 돼버리면 한쪽엔 우월감을 다른 한쪽엔 열등감을 선사한다. 그리고 우월감은 누군가를 멸시하는 공격성으로 이어지고 열등감은 자신을 향한 비열한 공격에 대한 적극적 대응을 봉쇄한다. 인생이 누군가에 의해 납작하게 찌그러져도 자신 탓을 해야 한다. 상처를 입은 자들이 방어를 하지 못하니 한쪽의 무례는 더 사악해진다. 그럴수록 시험 성적에 따른 희비는 더 강력하게 교차한다. 이를 시험 공화국이라 한다.

사교육은 망국의 원인이 아니라 결과다

2016년도에 출간된 《대통령을 꿈꾸던 아이들은 어디로 갔을까?》는 공무원 시험을 준비하는 이들의 이야기다. 나는 6개월간 노량진을 오가며 인터뷰를 했는데, 어릴 때부터 공직에 대한 열의가 있어서 그 길에 들어선 사람은 없었다. 책의 부제인 '믿을 건 9급 공무원뿐인 헬조선의 슬픈 자화상'처럼, 공무원은 엉망인 사회가 선사한 장래희망이었다. 하지만 바늘구멍 통과나 마찬가지인 공무원 시험이 만만한 것도 아닌데, 어찌 용기를 냈을까? 이런 대답이 제법 등장했다. "초3부터 고3까지 학원만 10년을 다녔잖아요. 할 줄 아는 게 정답 찾는 거니까, 100분에 100문제 푸는 시험이 무섭진 않았죠. 해볼 만하다고 여겼죠."

한국에 살면서, 사교육 없이 성장하는 건 불가능하다. 이 과정에서 몸에 익은 시험 감각을 믿는 수많은 이들이 노량진 학원으로 몰려들었던 거다. 그 수가 많으니, 정답 찾는 방법은 더 빠르고 더 정확해야 한다. 답이 아닌 건 아닌 거다. 뒤돌아볼 시간 따윈 없다. 그래서 인문학이나 사회 비판 학문처럼 답 너머의 답을 찾는 공부를 대학에서 한 이들은 공무원 시험을 준비하는 초기에 과도기를 겪는다. '삶은 공정한가?', 이런 시험 문제로 답안지 앞뒤를 빡빡하게 작성하다 왔으니 다시 생각이 간결해지는 데 시간이 좀 걸린다. 학원의 도움을 받지 않는다면, 더 걸릴 거다.

사교육은 공적으로 드러나는 결과를 내는 게 목적이기에, 목표는 선명하고 과정은 단순하다. 목표와 상관없다면 과감히 삭제한다. 관련된다면 무조건 머리에 넣는다. 어떤 사회이든 마찬가지인데, 한국에선 그 강도와 빈도가 압도적이다. 그 한국도 과거보다 심해져서, 훨씬 빨리 시작하고 훨씬 많이 한다. 어린 나이부터 온갖 걸 한다는 말이다. 사교육의 운명이다. 사교육 비용은 공교육 내에서 인정받을 때 환수되는데, 남들 하는 만큼 해서는 보장할 수 없다. 비용을 늘려야만 환수율도 높아진다. 그러니 전체 출생아 수가 줄고 있어도, 사교육 전체 비용은 증가한다. 퍼붓는 돈의 규모가 다르다는 거다. 7세 고시도 놀라운데, 7세도 늦는지 4세 고시라는 초현실적인 단어 조합까지 등장했다. 불안한 이들이 많아서일 거다. 많으니까 또 가려낸다. 정답을 빠르게 찾는 훈련, 그게 삶이 되어버렸다.

그래서 망국병인데, 이 망국병은 그걸 병으로 인지하지 않는다. 사람들이 생각하는 사교육의 문제점과 인공지능의 답변은 얼추 비슷하다. 맞는 말이기 때문일 거다. 부모의 경제력이 경쟁력에 반영되니 교육 불평등 현상이 심각해진다는 데 동의할 거고, 시험 대행 기관 정도의 기능만을 가진 공교육을 정상이라고 할 사람은 없고, 당사자는 학업 부담으로 인한 스트레스를 받고 보호자들은 그들대로 괴롭다는 걸 겪어본 이들이라면 다 안다. 돈은 돈대로 들이니, 돈이 되냐 안 되냐를 따져서 공부할 수밖에 없고 그러니 사회 전체로 볼 때 창의성은 바닥이다. 질문하지 않는 사회, 이런 표현에 다들 익숙하다. 돈 안 되는 학과들은 대학에서도 소멸되니, 차별과 혐오에 둔감한 사람들이 넘쳐난다. 뉴스만 틀면 매일 등장하지 않는가.

사교육의 힘은, 이런 문제가 의미 있는 토론으로 나아가게 내버려두지 않는다. 대표적인 망국병인 부동산 문제와 비슷하다. 모두가 부동산에 미친 사회는 괴상하기 짝이 없겠지만, 모두가 미치니 따지는 게 어색해지는 것처럼 말이다. 그 세상에선 투기가 투자지만 누구도 이상하다고 하지 않는다. 사교육의 목적은 경쟁에서 이기는 것이기에, 사교육 공화국에서 교육 불평등은 인지 영역이지 개선 대상이 아니다. 불평등을 별수 없는 것으로 받아들이니, 학업 스트레스나 경제적 부담 등의 하소연은 다 개인이 극복할 사소한 문제일 뿐이다.

창의성이 없다고? 차별과 혐오가 난무한다고? 한마디면 된다. "어쩌라고." 가끔 부연 설명도 붙는데 이게 다다. "자본주의가 다 그렇지." 이 빈도, 사교육이 빨라질수록 잦다. 이 강도, 사교육이 많아질수록 세다. 이와 비례해 공정과 정의 같은 무거운 단어가 차별과 혐오를 정당화하는 데 불쑥불쑥 등장한다. 불평등을 조정하는 게 공정하지 않은 것이고, 정의를 훼손하는 것이 된다. 그러니 사교육의 원인인 불평등을 어떤 정치인도 제대로 건드릴 수가 없다. 교육 불평등이 야기한 격차를 줄이려는 시도는, '내가 얼마나 열심히 공부했는데!'라는 분노를 결코 넘지 못한다. 사교육의 비극은, 그 고생의 크기만큼 그릇된 사회를 옹호하는 심리도 커진다는 거다. 무조건, 그대로여야 한다. 그대로라면 차라리 다행이다. 반드시 나빠진다.

불평등하기에 사교육을 해야 하고, 사교육을 했기에 세상은 계속 불평등해야 한다. 끔찍한 악순환의 정교한 선순환이다. 목표가 선명해졌으니, 많은 것들을 포기한다. 두세 살 때 한글을 뗀다는데, 책 두세 줄 읽는 걸 어려워하는 아이들이 즐비한 이유다. 그러니 독서도 학원 가서 답을 찾으며 배운다. 거기에 길들여진 이들은 이런 긴 글을 보고 말한다. "세 줄로 요약해 주세요."

"수십 년 전부터 사교육을 망국병이라고 했는데, 망했나요? 아니죠? 사교육 잘 받은 사람은 다 취업하고 잘살아요. 사교육이 아이들 망치느니 뭐니 그러면서 애들 방치한 집들이 다 망했죠."

학원 강사의 이런 말을 우연히 접했다. 학원 강사가 시대의 스승이 된 게 참담하면서도, 되돌릴 수 없는 지점까지 사교육 문제가 뻗어나간 것 같아서 씁쓸했다. 공공의 이익을 위하는 쪽으로 방향을 틀기도 어려울 것 같다. 사교육 문제에 대한 해법을 듣고 있으면 더 그렇다. 무엇이 문제냐와는 다르게 해법은 다양한 결이 등장하는데, 나처럼 평범함 사람에게는 별 도움이 되지 않는다.

첫째, 창의성 교육을 강화하자는 거다. 좋은 말인데, 너무 추상적이다. 이런저런 나라들이 언급되면서 따라 하자는데, 두 정당이 정권을 주거니 받거니 하는 나라에서 백년지대계가 가능할까? 무엇보다, 이런 이야기의 결론이 바보 같은 서울대생이 아니라 창의적인 서울대생이 필요하다는 경우가 많아서 마음에 안 든다. 그럼 앞으로 '창의성을 증명하는' 사교육 시장이 터져나갈 거다. 둘째, 부모가 그 역할을 하면 된다는 거다. 그럴 시간이 없는 내 팔자가 야속하지만, 있다 한들 부모가 다 똑같은 지능을 가졌을 리도 만무하다. 엄마표 어쩌고라는 말은 유치하기 짝이 없다. 무엇보다, 이 방식으로 서울대 수시 전형에 자녀를 두 명이나 합격시켰다는 게 왜 곳곳에서 소개되는지 마음에 안 든다. 셋째, 아이의 경험을 확장해야 한단다. 무엇도 강요하지 말고 학원비 모아서 세계 여행 보내주란다. 강심장이 아니라 시도도 못하겠다. 무엇보다, 대안 학교를 나와서 세계를 누비다가 미국의 구글에서 일한다는 아무개의 사례가 등장하는 게 마음에 안 든다.

평범한 사람들에게는 너무나 비현실적인 해법이다. 사교육의 문제를 따지는 게, 다른 방법으로 잘되는 걸 찾는 것일까? 이 '잘'에 대한 강박을 줄이지 않고 세상이 변할지 모르겠다. 공부 잘하는 사람, 영어 잘하는 사람, 말 잘하는 사람, 운동 잘하는 사람 등등을 우리는 얼마나 찬양하는가? 그 길에 이르는 가장 효과적인 방법이 사교육인데, 그 결과만을 사람들은 인정한다. 사회 수준이 높아진다는 장점도 있을 거다. 다만, 공부 '더' 잘하는 사람만이, 영어 '더' 잘하는 사람만이 사람 대접을 받는 게 괴상하다는 거다. 다음은, '더 더'고. 과연 수준 높은 사회의 모습일까?

나는 사교육을 생존 수영에 종종 비유한다. 생존 수영은 필요한데, 이를 경쟁하면 그 필요한 것조차 배우지 않게 된다. 다 같이 잘하자가 아니라, 누가 더 잘하는지 보는 세상에선 갑자기 손과 발에 자세를 지나치게 따지고 본토 다이빙 자세니 아니니 그러며 서로를 평가한다. 배영 정도는 미리 배워놔야지 수업에서 유리하다는 말들이 부유하더니, 배영 정도로 성적 잘 받길 희망하면 안 된다는 조언도 난무한다. 그러면 물에 떠 있지도 못하는 자신이 부끄럽다. 배우는 게 수치스럽다. 다시는 물에 발도 담그지 않을 거라고 결심하는 게 전혀 이상하지 않다. 수학을 빨리 접한다는 시대인데, 초등학생이 자신을 수포자라고 말하는 세상은 이렇게 탄생한다.

이 비극을 탓하는 사람도 없다. 저런 인간은 도태되어도 마땅한 존재가 될 뿐이다. 결국엔 생존 수영 배울 시기에 접영도 가뿐하게 할 줄 아는 사람이 사랑받고, 그 자신감이 집중력을 키워 사회에서 인정받는 수준에 다다른다. 평범한 사람들은, 생존 수영만 믿다가 바보 되는 현실이 무섭다. 직종별 최저 임금을 다르게 적용해야 한다는 말은 얼마나 빈번한가. 배영할 줄 모르니 사람 취급도 안 하겠다는 거다.

내 자녀만큼은 그런 대우를 받아선 안 되니, 아낄 수 없다. 대단한 목표도 없다. 딱 배영까지만 미리 배워서, 사람 대접만이라도 받고 살길 바란다. 그래 봤자, 고작 배영 배웠다고 수영 잘하는 줄 아냐는 소릴 듣겠지만. 끔찍한 건, 나와 아이도 누군가를 찾아 이렇게 말할 거라는 거다.

"뭐야? 배영도 할 줄 몰라? 물에 겨우 떠 있는 주제에 차별 어쩌고 그러는 게 우습네. 남들 뼈 빠지게 수영 배울 때 놀더니 꼴좋다."

자살률 그래프를
어떻게 읽어야 할까?

"한국 자살률, 공중 보건 국가 비상 사태."*
2024년도 자살률 잠정치를 보도한 여러 언론의 기사 제목은 자살이라는 사회 문제가 얼마나 심각한지를 단번에 드러냈다. 인구 10만 명당 자살률 28.3명은, 2022년 25.2명에서 2023명 27.3명으로 증가한 흐름이 이어지는 추세라 매우 걱정스러운 수치다. 하루 40명이 스스로 목숨을 끊는 이 불안한 기세를 꺾지 못하면 최고치였던 2011년의 31.7명도 돌파하지 않겠는가.

이 통계가 비슷한 생활 세계를 구축한 나라들에서 대등하

---

* 이 표현은 백종우 경희대 정신건강의학과 교수의 말이다. "공중 보건 측면에서 현재 한국의 자살률을 보면 국가 비상 사태라고 볼 수 있다. (…) 자살은 지극히 사회 구조적인 문제로, 막을 수 있는 죽음이다."

게 나타난다면, 삶과 죽음에 대한 철학적 질문으로 접근할 문제일 거다. 어디 그러한가. 한국 사람이, 더 죽는다. 성별, 연령별로 따져보면 한국 사람 중 누가 더 죽는지가 드러나지만 그건 한국에서의 차이일 뿐이다. 남성의 자살률이 여성보다 훨씬 높은데, 그 여성의 자살률도 세계에선 매우 높다. 노인의 자살률이 청소년보다 훨씬 높은데, 그 청소년들의 자살률도 세계에선 상위권이다. 그러니 한국은 20년 넘게 OECD 국가들 중 자살률 1위인 거다. OECD 국가 자살률 평균이 10만 명당 10~11명이니(이하 자살률 평균 수치는 인구 10만 명을 기준으로 한 것이다), 한국이 아니었다면 이 평균은 한 자릿수 아니겠는가. 한국 때문에 평균만 높아진 꼴이다. 노골적으로 말해, 한국은 전혀 선진국이 아니다.

설마 그런 기질을 타고나서이겠는가. OECD 주요 국가들의 2000년과 2021년의 자살률을 보면 독일(13.2→9.7명), 스위스(19.2→10.8명), 오스트리아(20.1→11명), 프랑스(18.8→12.5명) 등 대부분의 나라에서 그런 기질을 제어했다(통계청보고서, 〈국민의 삶의 질 2024〉, 37쪽). 애초에 기질 문제가 아니었으니 가능한 변화였을 거다. 특히나 의리 자살이라면서 사무라이 문화와 연결되어 분석되곤 했던 일본도 23→15.6명으로 큰 변화를 이뤄냈다. 포르투갈(5.2→8.5명), 네덜란드(9.6→10.2명), 미국(11→14명) 등 증가한 나라도 있지만 한국(17.5→24.3명)과 비교하면 수치의 심각성이 다르다. 한국이 가는 방향도, 그 속도도 더 걱정스럽다.

놀라운 건, 2000년에서 딱 10년 전 한국의 자살률이 7.6명(1990년)이었다는 사실이다. 통계를 집계한 1983년부터(8.7명) 1994년까지(9.5명) 한국은 자살률이 10명 미만인 나라였다. 그때, 우린 자살을 어떻게 해석했는가. 자살률이 한국의 3~4배였던(1990년 기준) 핀란드나(30.6명) 덴마크(25명) 사례를 언급하며 복지가 과해서 나타나는 증상으로 배우지 않았는가. 사람들이 할 일이 없고 목표 의식이 없으니 삶의 의지를 놓아버린다는 설명을 정확한 분석 없이 누구나 하던 시절이었다. 이후 두 나라는 어떻게 되었는가. 핀란드는 30.6(1990년)→22.4(2000년)→13.2(2021년)명으로, 덴마크는 25(1990년)→13.9(2000년)→8.5(2021년)명으로 수치는 유의미하게 감소했다. 복지 국가이길 포기해서일까? 아니면 자살 문제를 공중 보건 국가 비상사태로 정확히 인지하고 빠르게 움직였기 때문일까?

자살을 우습게 분석했던 풍토야말로, 그 시절의 적나라한 수준일 거다. 그러니, 그때의 자살률을 언급하며 '힘들었지만 서로 다정은 했다'는 식으로 분석하는 건 참으로 위험하다. 당시에는 중고등학교 입시에도 체력장이 있었고 직장인들도 아침마다 국민체조를 했기에 모두의 몸과 마음이 튼튼할 수밖에 없었다는 주장도 돌아다니는데 큰일 날 소리다. 당시 국민들의 정신이 말짱했겠는가. 아픈 걸 몰랐을 뿐이다. 그 결과가 지금의 압도적인 노인 남성의 자살률로 나타나고 있지 않은가. 2023년 기준 70대 남성의 자살률은 63.9명이다. 80대 남성은 더 끔찍하다. 무려 115.8명이다. 이들은 사회가 자살에 무지했던 시절을 관통하며 노인이 되었다. 그땐, 그저 버텼다는 거다.

자살률은 1997년 13.2명에서 1998년 18.6명으로 급증하는데, 이건 외환 위기의 영향이지만 정확히는 그 위기를 '견딜' 준비를 전혀 하지 않아서 발생한 일이다. 서구 사회와 이웃 나라 일본이 자살률이 높아 전전긍긍할 때, 한국은 제대로 된 질문을 던지지 못했다. 그저 한국의 따뜻한 가족 문화 타령하기 바빴다. 가족 문화가 깨질 때 어떻게 해야 하는가, 무엇이 가족 문화를 깨트리는가를 전혀 고민하지 않았다. 전자는 개인의 정신 건강에 관한 관심이 높아져야 함을, 후자는 고삐 없이 질주하는 자본주의 욕망을 사회적으로 제어해야 함을 뜻한다. 그러했는가. 이미 어그러진 신호는 1992년부터 1997년까지 자살률이 조금씩 오르면서 드러나는 중이었다. 그 상황에서 IMF 사태가 터졌을 뿐이다.

외환 위기는 어떻게 극복되었을까? 당시 한국의 구조 조정

속도가 너무 빠르다며 IMF가 걱정할 정도였으니, 어떤 상황이었겠는가. 성장 일변도의 접근이 한국에 외환 위기가 발생한 이유인데, 한국은 그전보다 더 강한 성장의 정신으로 똘똘 뭉쳐가며 위기를 빠른 시간에 극복했다. 사람들이 쓰러지는 거야 당연했다. 2001년부터 2011년까지 자살률은 가파르게 증가한다. 이 시기 유행어는 '부자 되세요'였고, 서점에서 자기 계발서들이 차지하는 비중 역시 가파르게 증가했다. 힘든 게 인생이라는 말이 무슨 철학이라도 되는 것처럼 부유했고 미치지 않고선 성공할 수 없다는 이야기가 교훈이랍시고 넘쳐났다. 성공 아니면 실패 정도가 아니라, 성공 아니면 죽어야 하는 세상이었던 거다.

극기, 인내, 노력만이 진리였던 시기에 누가 '마음이 불안하다'면서 도움을 청하겠는가. 단적인 예로 나는 여러 대학을 돌아다니는 시간 강사 생활을 12년간 하면서 병원 진단서를 첨부한 유고 결석계를 매 학기 수백 장을 받았는데, 단 한 번도 정신과 질환이 적힌 의료 기록을 본 적이 없다. 없어서였겠는가? 밝힌들 소용이 없으니, 드러내지 않는 거다. 우울증은 골절하곤 다른 취급을 받았으니 말이다. 우리는 상대의 병을 알면 '어쩌다가?'라는 추임새를 습관적으로 뱉는다. 다리가 부러졌을 때 이 물음은 운동하다가 등등으로 이어져 자연스러운 대화를 보장한다. 하지만 우울증은 끊긴다. 애써 이유를 설명한들 그것도 병이냐, 누군 안 힘드냐, 그러면 대한민국 사람 다 우울증 걸리겠네 등등의 분위기가 형성된다. 그러니, 아파도 말하지 않는다. 우울증은 극기, 인내, 노력 앞에서 너무나도 납작한 증상이기 때문이다.

OECD 국가 중 자살률 1위가 되고도 한참이 지나서야 사회는 움직였다. 연예인들의 연이은 자살은, 우울증에 대한 사회적 경각심을 불러일으켰고 국가 차원에서의 관심은 보다 전문적으로 변했다. 정신과 의사들은 강연과 저술로 대중과의 간격을 좁혔다. 그들은 정신 건강 돌봄의 중요성을 부단히 강조했고 그 덕에 사람들은 용기 내서 병원을 찾았다. 이 별거 아닌 게, 그전까지는 '뭘, 그런 걸로 병원을 가냐'는 식의 빈정거림과 마주해야 했으니 엄청난 변화였다.

자기 계발에 너무 집착하면 차별과 혐오에 둔감한 괴물이 된다는 논의도 등장했다. 개인의 정신적 아픔을 차분한 논조로 솔직하게 고백하는 책들이 힐링서로 주목받곤 했다. 편견이 조금씩 깨지니, 2012년부터 2017년까지 자살률은 조금이나마 나아졌다. 하지만 거기까지였다. 그 이후, 야속하게도 자살률의 흐름은 약간의 굴곡도 있지만 여전히 우상향이다.

왜일까. 두 번째 질문이 풍성하지 못하기 때문일 거다. 누가 자살하는지에 대한 첫 번째 질문은 정신 건강을 돌보는 시스템을 구축하는 연료가 되었음이 분명하다. 이제는 학교에서도 검사가 많다. 치료 과정도 체계적이다. 학교 상담사를 만나고, 외부 상담 기관을 소개받고, 병원을 가는 결심에 이르는 과정은 과거에는 상상할 수 없었다. 어느 정도 위기 관리 매뉴얼이 작동되고 있다는 거다.

하지만 그 사람이 왜 그렇게 되었을까에 대한 질문은 여전히 낯설다. 우울증의 원인을 찾아 몇 단계만 거슬러 올라가면, 사람들은 깜짝 놀란다. 자살이 사회적 타살이라는 말을 다들 이해는 하는데, 그 사회가 구체적으로 언급되면 듣는 둥 마는 둥이다. 많은 이들이 '우울증 환자가 늘어났다'는 걸 사회적 설명의 전부로 이해한다.

요인을 찾아가면 표정은 굳어진다. 경쟁, 능력주의, 승자 독식, 엘리트주의, 양극화 등의 말들이 끼어들 틈을 허락하지 않는다. 저런 가치를 신봉하고 사는 거야 개인의 자유다. 하지만 자살률이 걱정이라면, 그래선 안 된다. 사회 비판 학문이 대학에서 사라지는 걸 찬성하는 거야 자유다. 하지만 자살률이 걱정이라면, 그래선 안 된다. 언론이 불평등에 예민한 걸 당연하게 여기지 않을 권리는 누구에게나 있다. 하지만 자살률이 걱정이라면, 그래선 안 된다. 워라밸 챙기다가는 이도 저도 안 된다고 말하는 거야 자유다. 하지만 자살률이 걱정이라면, 그래선 안 된다. 아무리 정신 건강 돌봄 매뉴얼이 좋아졌단 한들, 자살 위험군 분모가 커지면 감당할 수가 없다.

나는 강연에서 영화 〈기생충〉을 '한국이 왜 자살 공화국인지 그 이유를 말해주는 작품'이라고 소개한 후, 세상을 좀 긍정적으로 바라보면 좋겠다는 충고를 들었다. 나는 방송에서 초등학생이 의대 준비반에 들어가려는 시험을 치는 걸 미쳤다고 표현했는데, 의사가 되기 위해 노력한 사람들을 폄하하지 말라는 경고를 받았다. 두 번째 질문을 어떻게든 막겠다는 세상에서, 자살률은 절대 줄지 않을 거다.

자살을 공중 보건 국가 비상 사태의 영역에서 다룬다는 것은 그 원인과 해결책을 사회적 차원에서 적극적으로 찾겠다는 뜻이다. 사회적 자살이란 말에 조금의 의심도 하지 않는 것은 기본이고, 그 사회를 입체적으로 이해하기 위해 개인에게 얽혀 있는 복잡한 사회적 실타래를 조금도 축소하지 않아야 한다. 이는 '왜'의 무한 반복으로 가능할 거다. 왜 자살하는가? 이런저런 이유가 있다면 그건 또 왜인가. 이런 접근을 지긋지긋할 정도로 하면서 우리가 살고 있는 사회가 도대체 어떠한지를 따지고 또 따져야지만 자살률은 유의미한 방향으로 향할 것이다.

우리는
공화국의 조각이다

"주문. 피청구인 대통령 윤석열을 파면한다."

공화국을 이토록 사랑하는 줄 몰랐다. "파면한다"라는 말과 동시에 지금껏 느끼지 못한 기쁨 가득한 울컥함이 내 몸에 휘몰아쳤는데, 사랑의 감정이었다. 생각해보니, 한 번도 표현한 적이 없다. 대한민국은 민주공화국이라고 외치기야 수천 번이지만 'I love republic'은 장난으로도 떠올려보지 못한 조합이다. 당연하게 누리다 보니, 고백할 만큼 절실하지 않았나보다.

'공공의 것'을 의미하는 라틴어 'res publica'에서 나온 단어 republic은 주권이 모두가 평등한 국민에게 있음을 뜻한다. 그 시민들은 서로의 의견을 지혜롭게 모아가는 공론장 안에서 공동체를 위한 여러 결정들을 한다. 그래서 함께 조화를 이루는 공화국(共和國)이다. 우리가 합의한 조화의 목적과 방향은 민주주의다. "자유롭고 정의로운 대한민국의 무궁한 영광을 위하여 충성을 다할 것을 굳게 다짐"하는 맹세도 한다. 예전처럼 조국과 민족의 영광을 위해 몸과 마음을 다 바치는 게 아니다. 그건 강압적 조화였다. 그 시절의 유산은 지금도 '독재자인 게 어때서? 경제만 발전하면 됐지!'라는 논리로 부유한다. 지금은, 대한민국이 민주공화국다운지를 내가 감시한다. 내 나라가 과연 자유롭고 정의로운지를 따져 묻는다. 공화국이 완벽했던 적은 없지만 어제보다 진보하는 이유다.

1978년에 태어난 나는 공화국 안에서 잘 먹고 잘 살고 있다. 1987년까지는 진정한 민주공화국으로 나아가는 혼돈의 시기였지만, 초등학생이었던 내 기억엔 최루탄 냄새뿐이다. 눈물 몇 번 흘린 게 다인데, 나는 87년 체제 속에서 시민 주권을 온전히 누리는 중이다. 1초도 쉬지 않는 심장 박동처럼, 내게 민주공화국 정신은 알아서 뛰는 심장과 같았다. 그 심장을 윤석열이 쥐어짜는데 왜 고통스럽지 않겠는가. 인간이길 포기하라는 포고령의 글귀가 어찌 무섭지 않단 말인가. 따분한 표현이지만, 당해보니 알았다. 공화국에 산다는 게 얼마나 큰 행복인지를.

이 감정, 절대 같지 않다. 이론적으로는 자유, 평등, 정의 등의 공화국 기본 개념들이 인간 본성과 매우 가까운 게 사실이지만 어떻게 전달되느냐에 따라 해석의 지평은 천지 차다. 작년 12월 3일부터 올해 4월 4일까지, 같은 본성의 다른 발현이 사회를 찢어놓았다. 그걸 접하며 선고를 기다리니 불안했다. 유의미한 여론은 아닐 거라 믿었지만, 인권 강연에서 계엄의 부당함을 말하다가 정치적 발언이라면서 제재를 몇 번 당하니 여론의 덩어리가 제법 큰 느낌에 겁도 났다. 헌법재판관 만장일치가 고마운 이유다.

나도 저리 될 수 있었을 거다. 태어날 때부터 원래 그런 사람이란 없으니, 내게 좀 좋은 우연이 다가왔을 뿐이다. 그 덕에 나는 공화국을 정확히는 몰라도, 그게 어그러질 때 내 심신도 찌그러지는 기분을 느낀다. 민주주의가 위협받으면, 정말 아프다. 얼마나 다행인가. 이 감정이 있어야지만 분노하고 연대하며, 정치인을 압박하고, 언론을 감시할 수 있으니까 말이다.

운이 좋았다. 나는 역사를 아래의 시선에서 배웠다. 잘 배웠기에, 이를 민중사관이라면서 비판하는 뉴라이트의 맹공을 잘 방어했다. 특히나 일제강점기를 수탈의 관점이 아닌 '덕분에 잘 살게 되었다'는 식민지 근대화론으로 접근하는 게 어떤 논리적 비약으로 이어지는지를 잘 알았다. 저 '덕분에' 논리는 제

주 4·3을 말할 때 이승만에 달라붙고, 광주 5·18을 따져 물을 때는 전두환에 달라붙곤 했다. 윤석열도 그랬을 거다. 국가 폭력을 부수적 피해로 인식했으니, 감히 계엄을 할 생각을 하지 않았겠는가.

운이 좋았다. 나는 왜 세상을 비판적으로 보아야 하는지를 빨리 깨달았다. 저널리즘을 지키려는 미디어의 도움이 있었다. 한국 근현대사의 비극을 추적한 MBC 시사 다큐멘터리 〈이제는 말할 수 있다〉 1회를 보게 된 건 우주가 도와서다. 당시 21세로 군 복무 중이었는데, 1999년 9월의 어느 일요일에 당직 근무 중 채널을 돌리다가 우연히 멈췄다. 제주 4·3에 관한 이야기였다. 17세 때였던 1995년, 드라마 〈모래시계〉를 통해 광주의 진실을 알게 되었을 때만큼 충격적이었다. 천운인지, 상황실에서 함께 라면 먹던 이들 중에 제주 출신이 있었다. 그는 말했다. 아버지에게 들었다고. 할아버지가 저때 실종되셨다고. 이때 알았다. 비판적 사고라는 것은 세상을 비꼬아서 보는 게 아니라 은폐된 진실을 파헤쳐 억울한 사람들의 편에 선다는 것을. 나는 살면서 한 번도 빨갱이, 종북, 좌파, 반국가 세력 등의 단어로 세상을 이해하지 않았다. 탄핵을 반대하는 시위에 등장했던 구호를 생각하면, 이런 내가 얼마나 다행인지 모르겠다.

운이 좋았다. 나는 기계적 중립의 위험성을 말하는 교수들을 종종 만났다. 그들은 사회가 이미 기울어졌는데, 무슨 중립 타령이냐면서 꾸짖었다. 줄타기를 하다가 몸이 기울면 목숨 걸고 그 반대편으로 날갯짓을 해야 하는데, 이런 의견이 있으면 저런 의견도 있다면서 균형 어쩌고 그러면 원래 기울어진 쪽으로 떨어진다고 했다. 그걸 누가 원하는지를 생각하라고 했다.

이 모든 운은, 필연적으로 '연대의' 운으로 이어진다. 나는 국가의 폭력을 비판하는, 사회의 편견을 깨자는 글을 쓰면서 세상과 연대했다. 그러다 보면 서로 손을 직접 잡지 않아도, 내가 광장과 연결되어 있고, 그 광장의 의미를 제대로 보도하려는 언론과 연결되어 있음을 느낀다. 많은 이들이 상식의 힘을 믿고 버틴 이유는 민주공화국을 살아가는 나와 너 그리고 우리라는 공동체의 존재를 의심하지 않기 때문이다.

영화 〈1987〉에서도 잘 드러났듯이 87년의 민주화 쟁취는 자신의 위치에서 옳은 일을 선택한 조각들이 모였기에 가능했다. 독재 권력은 박종철의 죽음을 덮으려다가 실패한다. 쇼크사 운운하다가 실패한다. 부검 결과를 조작하려다가 실패한다. 고문 경찰 수를 축소하려다가 실패한다. 매 순간 어떤 기자, 어떤 검사, 어떤 의사, 어떤 정치인, 어떤 교도관, 어떤 종교인들이 곳곳에 있었기 때문이다. 하나하나가 정말 천운이지만, 그 사람들의 선택은 절대 운이 아니다. 87년 훨씬 이전부터 민주주의를 부르짖는 누군가의 꿈틀거림을 우연히 만났을 거다. 어릴 때는 수업하다가 갑자기 독재 정권을 비판하는 교사의 넋두리를 들었을 거고, 대학생 사촌 형의 가방에 불온서적이 있음을 보지 않았을까? 성인이 되어서는 친구 아무개가 시위하다가 잡혀갔는데 소식이 없다는 소문을 접했을 거다. 그 우연들이 없었다면, 그때 그 선택을 할 용기가 없었음이 분명하다.

내가 만난 우연도 다 시대의 조각들이다. 제주 4·3을 접하던 내 앞에 제주 출신의 사람이 있는 건 우연이다. 하지만 그가 입을 열며 집안의 비극을 내게 건넨 건 우연이 아니다. 다들 감추고 살아가길 강요받던 시대에도 그의 부모님은 감추지 않았다. 그리고 자신 앞의 사람이 방송을 보면서 빨갱이 어쩌고라고 하지 않는 것도 용기를 낼 이유였을 거다. 내가, 이념의 역사가 얼마나 끔찍한지를 알려준 역사 선생님을 만나지 않았다면 그가 입을 열었겠는가. 그 선생님에겐, 분명 또 다른 조각들이 있었으리라.

우연 같은 조각들이 필연적으로 모이고 모였기에, 나는 민주주의가 유린당하면 아프다. 느끼니, 꿈틀거린다. 내가 할 수 있는 가장 옳은 방법을 선택해 세상에 보탠다. 그 용기가, 각자의 자리에서 상식을 택하는 이들을 연결시켜 거대 악과 맞서는 광장의 힘을 완성한다. 그렇게 고비를 넘겼다. 탄핵 인용 선고문의 표현처럼 "국가 긴급권 남용의 역사"가 재현되었지만 우리는 그 역사의 조각들로부터 많은 것들을 배웠고, 이미 민주공화국 시민이라는 하나의 조각이었다. 윤석열은 전혀 몰랐을 거고 지금도 모를 거다. 그 조각이, 시민들의 적극적인 저항을 이끌었고 군경의 소극적인 임무 수행을 가능하게 했음을.

오늘 하루, 우리는 각자의 영역에서 누군가에게 어떤 조각으로 다가간다. 부모로, 교사로, 평론가로, PD로, 기자로, 팀장으로, 거래처 직원으로, 가게 주인으로, 손님으로, 댓글 다는 네티즌으로, 수다 떠는 사람으로 등등 어떻게든 '연결되어서' 말이다. 그 스쳐가는 순간 모두가 역사이고, 그게 모이고 모여 훗날 강력한 시민의 무기가 된다. 그 뿌듯한 순간에 나의 오늘이 조금이라도 기여한다면 얼마나 기쁘겠는가. 그럴 수 있는 삶이란, 생각만으로도 뭉클하다.

에필로그

그러지 않았으면

자유의 가치가 퍼졌으면 좋겠다. 자유라는 말 옆에 '보편적 가치'라는 수식이 어색하지 않게 붙는 건, 누가 그 보편에서 배제되었는지를 집요하게 살펴보라는 뜻일 거다. 누군가에게는 너무 평범해서 의식조차 되지 않는 일상이, 누군가에게는 간절한 희망 사항이다. 이들의 부족한 자유를 채우는 게 사회의 역할이다. 그러니까, 자유라는 말이 많아질수록 평등한 사회가 만들어져야 한다. 그런가? 대중교통을 이용하여 어디든지 갈 수 '없는' 사람들에게 필요한 자유는, 언제든지 이동했던 누군가의 자유를 침해했다면서 저울에 달아지고, 몇 명 때문에 수천 명의 출근 시간이 방해받았다는 기계적 평가가 이어진다. 그러지 않았으면.

인권의 가치가 퍼졌으면 좋겠다. 인권이 어그러진 상황을 침해나 유린 등의 강한 어조로 설명하는 건 그만큼 절대적이라는 의미다. 인권을 강조할수록 혐오의 크기는 당연히 줄어야 한다. 그런가? 누구나 보장받아야 할 존엄성이지만, 한국에서는 여러 자격이 필요하다. 피부 색깔이나 믿는 종교에 따라서, 절대적 보장은 손쉽게 상대적으로 변한다. 특히 성 정체성은, 인권이 보장받는 유형이 엄격히 정해져 있어 그게 아니라면 사람보다 못한 존재로 취급된다. 못생겼다고, 뚱뚱하다고, 성격이 내성적이라고 욕을 먹는데 이를 따져봤자 돌아오는 대답은 자본주의는 어쩔 수 없으니 스스로 상품 가치를 올려야 하느니 등의 처세술뿐이다. 그러지 않았으면.

공정의 가치가 퍼졌으면 좋겠다. 민주주의의 역사는 기울어진 운동장의 경사를 조금이라도 완만하게 하려는 정치적 행위의 압축일 것이다. 이는 공정하지 않은 조건과 결과들을 끊임없이 보정해야지만 가능하다. 그래서 여기저기서 공정이 외쳐질수록 삶의 희망을 포기하지 않는 이들이 많아져야 한다. 그런가? 한국에서 공정은 시험 성적에 대한 온전한 승복에 국한되어 교육 과정에 던져야 할 중요한 질문들을 삭제한다. 모두가 같은 조건에서 공부할 수 있는지를 물어보며 기회의 불평등을 짚는 것과 시험 좀 못 쳤다고 이런 대우를 받는 게 정당한

가를 따지며 결과의 정의로움을 운운하는 건 '납작한 공정'의 세계에선 불가능하다. 그러지 않았으면.

연대의 가치가 퍼졌으면 좋겠다. 연대 앞에 '사회적'이라는 표현만이 어색하지 않고, 또 그것만이 허용되는 이유는 기득권의 힘이 그만큼 크기 때문이다. 약자들은 힘을 뭉쳐야 하고, 약자가 아닌 이들에게도 손을 내밀어야 한다. 그 연대는 사회를 보다 평등하게 만드는 중요한 연료로 작동한다. 그런가? 노동자들이 뭉치기만 하면 하루아침에 강성 노조가 되고 2~3일 파업만으로도 경제를 볼모로 밥그릇 챙기는 기득권으로 대서특필된다. 이들의 손을 잡는 이들은 '불온한' 외부 세력에 지나지 않는다. 그러지 않았으면.

자유, 인권, 공정, 연대는 좋은 말이다. 하지만 저 언어가 넘실거릴수록 정말로 살기 좋은 세상이 된다면 다행이겠지만, 단어만이 존재하면 무슨 소용일까. 자유가 살던 대로 생각하겠다는 당당한 무기가 되고, 인권이 상대적으로 해석되어 혐오를 정당화하고, 공정이 차별의 근거로 활용되고, 연대를 질서를 어지럽히는 행위로 매도해 약자의 목소리가 퍼져나가는 걸 막는다면 폭력은 더 교묘히 우리의 일상을 파고들 것이다. 그러지 않았으면.

납작한 말들

초판 1쇄 발행 2025년 7월 11일
초판 4쇄 발행 2025년 12월 10일

지은이 오찬호
발행인 김형보
편집 최윤경, 강태영, 임재희, 홍민기, 강민영, 박지연, 김아영
마케팅 이연실, 김보미, 김민경, 고가빈 **디자인** 김지은, 박현민 **경영지원** 최윤영, 유현

발행처 어크로스출판그룹(주)
출판신고 2018년 12월 20일 제 2018-000339호
주소 서울시 마포구 동교로 109-6
전화 070-5038-3533(편집) 070-8724-5877(영업) **팩스** 02-6085-7676
이메일 across@acrossbook.com **홈페이지** www.acrossbook.com

ⓒ 오찬호 2025

ISBN 979-11-6774-217-9 03330

표지에 삽입된 이미지의 저작권은 Tiago Campeã에게 있습니다.

- 잘못된 책은 구입처에서 교환해드립니다.
- 이 책은 저작권법에 따라 보호를 받는 저작물이므로 무단 전재와 무단 복제를 금지하며, 이 책의 전부 또는 일부를 이용하려면 반드시 저작권자와 어크로스출판그룹(주)의 서면 동의를 받아야 합니다.

만든 사람들
편집 홍민기 **교정** 김혜미 **표지디자인** 이지선 **본문디자인** 송은비 **조판** 오희조